Takarajima **Nonfiction Books**

宝島
NF

池田大作と暴力団

独占スクープと内部資料が明かす
創価学会ヤミの裏面史+跡目争いの行方!

西岡研介+乙骨正生+森功+山田直樹ほか著

宝島社

INTRODUCTION

闇社会を利用してきた池田·創価学会

創価学会の池田大作名誉会長(84)が公の場に姿を見せなくなって、2年以上が経った。死亡説まで流れる時期もあったが、いま随所で、創価学会の内紛をめぐって怪情報が飛び交っている。

公称827万世帯の会員数をバックに、毎年2000億円とも3000億円ともいわれる巨額の財務(お布施)を集め、不動産から有価証券まで、抱えこんだ資産は大企業を凌駕する希代の宗教コングロマリット。政党を支配し、日本の権力中枢である官庁に学会員を浸透させ、ときに批判者の個人情報を違法に収集する謀略&諜報体質の組織——。

その頂点に君臨し続けてきた池田名誉会長の跡目を誰が引き継ぐのか? 乱舞する怪情報は、巨大な既得権をめぐる内紛の様相を想起させるに充分である。

本書は、池田大作が支配してきた創価学会の反社会性、日本社会への浸透ぶりを検証するために企画された。

小社では、2010年5月に元山口組後藤組組長である後藤忠政(得度名=忠叡)氏の自叙伝『憚りながら』を刊行した。その第4章「創価学会との攻防」において後藤氏は、かつて創価学会に協力し、批判封じを行なった事実を吐露している。本書ではさらに踏み込んで、平成史のミステリーとも呼ばれる、後藤組長と藤井富雄都議会公明党顧問の「密会テープ」(1995年)の全貌について、盗聴実行犯の証言にもとづいて解明している。

その経緯から見えるのは、目的のためには手段を選ばない、創価学会という組織の体質である。

創価学会は、宗教法人として税制優遇措置を受けてきた。しかしなぜ、このような組織が税の優遇を享受し続けられるのか。減免された巨額の税金は、そもそも日本国民全体のものではないのか。消費税増税法案が衆議院本会議で可決された今、声を大にしてこのことを問いたいのだ——。

なお本書で取り上げた「密会テープ」については、まだ第二幕がある。いずれそれについても公表したいと考えていることを、ここでお断りしておく。

宝島NF◉池田大作と暴力団◉

目次 CONTENTS

PART 1 池田大作と山口組と謀略

PART 2 支配されたメディアと知識人

PART 3 池田大作なき後の跡目争い

PART 4 池田大作なき後の日本支配

◉写真提供＝朝日新聞＋共同通信＋時事通信　◉編集補助＝大竹崇文　◉アートディレクション＋デザイン＋作図＝HOLON

PART 1

池田大作と山口組と謀略

●創価学会＆公明党に大型スキャンダル

盗聴実行犯、17年目の告白！

独占スクープ

後藤組組長／藤井都議会公明党顧問「密会テープ」の全貌!!

池田大作の腹心が山口組本家にもちかけた頼み事

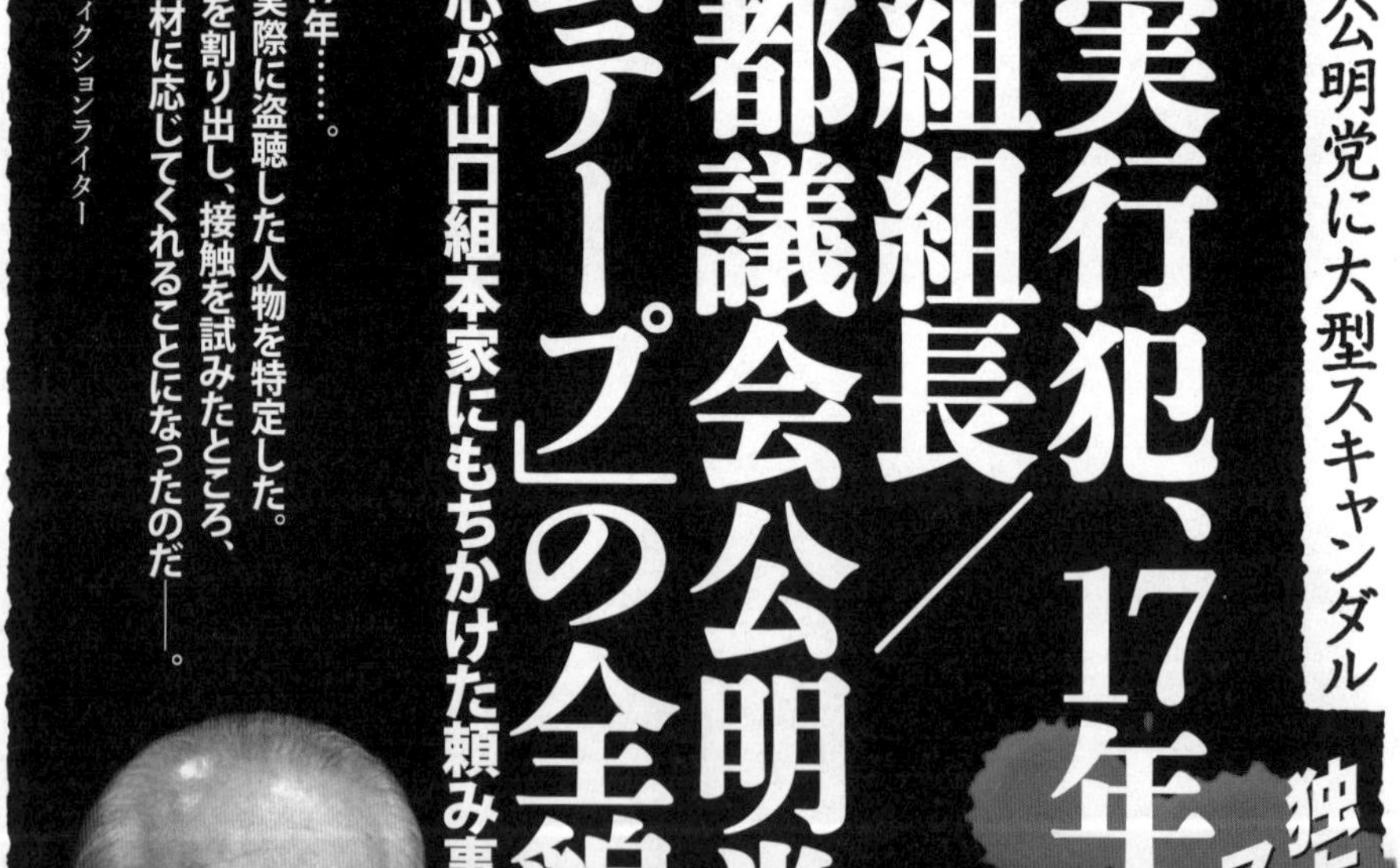

後藤―藤井会談から17年……。
私はようやく、それを実際に盗聴した人物を特定した。
さらにその人物の所在を割り出し、接触を試みたところ、
「匿名ならば……」と取材に応じてくれることになったのだ――。

西岡研介 ノンフィクションライター

阪神・淡路大震災や、オウム真理教による地下鉄サリン事件など厄災が続いた1995年の初秋――。東京都港区虎ノ門のホテルオークラにほど近い、白いレンガ造りのオフィスビル2階の一室で、二人の男が向き合っていた。

一人は、山口組きっての武闘派として知られていた「後藤組」の後藤忠政組長。もう一人は池田大作・創価学会名誉会長の「腹心中の腹心」といわれ、「公明」代表を務めていた藤井富雄・東京都議会議員である（肩書はいずれも当時）。

◆現在は公明党の政治資金団体「公明文化協会」の理事を務める藤井富雄氏（共同）

後藤はその後、2008年に山口組を除籍となり引退。翌09年に得度し、仏門に帰依《きえ》した（得度名は「忠叡《ちゅうえい》」）。一方の藤井は、04年に公明党最高顧問に就任。05年に政界を引退した後も、都議会公明党顧問、公明党の政治資金団体である「公明文化協会」の理事に就いている。

しばしの沈黙の後、先に口を開いたのは後藤のほうだった。

「なんでウチを飛ばして、中野の会長を通じて、五代目の親分に話を持ってったんだ？」

後藤の言う「中野の会長」とは、五代目山口組若頭補佐だった中野太郎・中野会会長、そして「五代目の親分」とは山口組のトップ、渡辺芳則・五代目山口組組長のことだ（肩書はいずれも当時。中野会長は、渡辺組長の〝右腕〟として知られていたが、この2年後の97年に起こった「宅見勝若頭射殺事件」で絶縁処分となり、05年に組織を解散した）。

後藤からそう問い詰められ、「いや、後藤さん、それは……」と必死に釈明する藤井。しばらく藤井の言い訳を黙って聞いていた後藤は、次にこう質《ただ》したという。

「藤井先生よ、あんたんち（学会）のために、ウチの若いもんが一体、何人捕まったと思ってんだ？」

延々と続く藤井の釈明を制するかのように放った、後藤のこの発言の意味を理解するためには、学会と後藤組との深い関係について紐《ひも》解《と》かなければなるまい。

池田大作の〝密使〟が反対運動潰しの依頼

創価学会と後藤組の歴史は70年代まで遡《さかのぼ》る。

日蓮正宗の信徒集団だった創価学会はかつて、後藤組の地元、静岡県富士宮市の「大石寺」を総本山としていたが、70年ごろから大石寺周辺の土地を買い漁り、境内を拡張。72年には大本堂「正本堂」を建立し、73年からは正本堂近くの広大な敷地に墓苑「富士桜自然墓地公園」の建設を始めるなど（80年完成）大規模な造成を行なった。

後藤が得度した翌年の10年に著した自叙伝『憚りながら』（宝島社）によると、〈当時、大石寺絡みの土地売買や建設工事で、富士宮に流れ込んだ金は莫大だったんだ。

大本堂で300億円、富士桜（自然墓地公園）で200億円、その周りの土地を買うのに数百億円といった具合に、全部で1000億近くになったんじゃないか〉という。

ところが当時、後藤とも懇意だった地元市議が経営する建設会社「日原《ひばら》造園」が「富士桜自然墓地公園」の利権を独占していたため、他の業者から不満が集中。日原と後藤組との関係を指摘するビラが撒かれた。

そして77年、後藤組幹部がこのビラをまいた住民宅に、大型ブルドーザーで突入し、ブロック塀を10メートルにわたって破壊。さらに、その住民を日本刀で切りつけ、左腕や背中などに2カ月の怪我を負わせ、翌日、殺人未遂の容疑で逮捕された。

後藤によると〈この事件でウチの若い衆は（懲役）6年食らったんだけど、実は日原の後ろにはあの「山崎正友《まさとも》」がいたんだ。日原と山崎は、それこそ二人三脚で富士桜を進めていたわけだ〉（前出『憚りながら』より。以下〈〉内は同）。

◆富士桜自然墓地公園

山崎は当時、創価学会の顧問弁護士で、池田大作・創価学会会長（当時、現在は名誉会長）の〝お庭番〟であると同時に、「宮本顕治共産党委員長宅盗聴事件」など、過去に創価学会が行なった数々のダーティーワークの指揮官でもあった。

後藤によると〈学会は、大本堂を造る時からデタラメなことをしてた〉という。

〈大本堂を造る際に、市道を勝手に（市の許可なく）潰したり、農地を不正に取得したりしてな。それが（富士宮市）議会で問題になったり、道路法違反で池田大作が告発されたりしたんだよ〉

さらに富士宮市内では、学会と日原

の癒着を追及する「日原造園、創価学会と市政の疑惑を正す市民会議」が結成され、学会に対する大規模な反対運動が起こったのだが、その〝反対運動潰し〟に学会が使ったのが、後藤組だった。

〈山崎から（反対運動が）「何とかならんか」という相談があった。そういう裏の話は当時、あの男（山崎）がすべて仕切っていて、池田ともサシで話し合えるぐらいの実力は持ってたんだ。実際、俺にも「親分のことは池田会長に伝えてあります。池田会長も『くれぐれもよろしく』と言ってました」と言ってたんだから。

一方の俺も、その頃には多少は力が付いてたから、もう日原なんか相手にしないで、山崎と直で話をしてたんだ。そのうち（富士宮市）議会に、「百条委員会」なんかができて、山崎を証人喚問に呼べだの、池田の名誉市民（称号）を取り消せだのという話になって、いよいよ学会がのっぴきならない状況になってきた〉

百条委員会とは、地方自治法100条に基づく特別調査委員会で、関係者の証人喚問、強制調査、さらには証言拒否や偽証には禁錮や罰金刑を科せる、という強力な権限を持つ。富士宮市議会では80年末から、この百条委員会設置に向けての動きが始まった。

〈この間（80年）、山崎は学会を破門（除名）になって失脚するんだけど、山崎が作った俺とのパイプは生きていて、今度は地元の公明党の連中を通じて（百条委員会を）「何とかして欲しい」という相談があったんだ〉

つまり学会は、反対運動潰しに続いて、〝百条委員会潰し〟を後藤組に依頼したわけである。

池田大作先生殿——内容証明の全文

富士宮市議会での百条委員会は81年3月、いったん設置されたものの後藤組の学会への〈協力〉などによって同年12月、何ら機能しないまま終結した。

一方、山崎は、日蓮正宗と学会に生じた対立の影響などで80年、学会から除名。81年には学会を恐喝したとして逮捕・起訴され、その後、懲役3年の実刑判決を受けた。出所後は週刊誌上で学会批判を展開していたが、08（平成20）年に死去した。

〈ところが、だ。あいつら（学会）の依頼で協力してやったのに、その後（百条委員会が終結した後）は知らんぷりだ。それどころか、俺が今まで山崎から相談を受けて、学会のために協力してきたことを、「それは山崎とあんた（後藤）が勝手にやったことであって、ウチ（学会）は一切知りません」という態度になった。市議、県議といった地元の公明党関係者も、みんな。

それは話が違うだろう、と。山崎はあくまで学会のパイプ役、池田の使いとして来てたんだ。べつに俺は山崎に使われてたわけじゃない。あくまで大石寺、池田のために協力してやったんだ。

〝あんまり他人様になっちゃいかんぜ〟という話だよ。

それで地元の学会や公明党の連中に話をしても埒《らち》が明かんから、神奈川の「伏木」（和雄・元衆議院議員・元公明党副委員長）という人間に話をしようとした。ところが、こいつが逃げを打って、門前払いを食らわせた。ならばしょうがないと、竹入（義勝・元衆議院議員。当時は公明党委員長）さんと、矢野（絢也・元衆議院議員。当時は公明党書記長）さん宛に内容証明（郵便）を出したんだ〉

実は後藤はもう一通、内容証明郵便を送っている。宛て先はほかでもない。当時の創価学会会長で、現在も実質的なトップ、いや、もはや〝教祖〟といってもいいだろう。池田大作、その人である。

◆現役時代の後藤忠政氏（提供：眞弓準）

私の手元に、その内容証明の全文がある。「池田大作先生殿」と記された内容証明書用紙は7枚。日付印は昭和58（1983）年3月8日となっている。

創価学会が当時、いかに後藤組を利用してきたかを証明する、これ以上の文書はないので、その一部をご紹介しよう。【（ ）内は筆者の補足】。

【池田大作先生殿

貴殿は、昭和五十五年十二月総本山大石寺の膝元、富士宮市、市議会に於ける百条（委員会）問題の始まりと、その百条が終結をしたその眞相をどれ程知り、又それをどの様に受け止めていたのですか。（中略）

確かにあの百条（問題）に関しては、学会にとって大変な出来事でした。斉藤滋与史氏（元自民党衆議院議員、後に静岡県知事）にしろ、杉山憲夫氏（当時は自民党県議、元自民党衆議院議員）にしろ、当時の事を思い出すと、百条問題調査打切りに関しては多少なりの力添えはあったでしょう。

しかし、現実はその様なその様な甘いものではなかったのです。四方八方に手を尽くしてもどうにもならなかった学会側は、以前の富士桜自然墓地霊園（公園）造成の時と同じ様に、今度は、百条委員会調査打切り、池田大作先生の名誉市民剥奪を叫ぶ市民会議解散、山崎正友元弁護士の証人喚問阻止を、土橋（昌訓）公明党富士宮支部長、公明党元代議士高橋繁、公明党稲田（圭佑）市議、の三氏が学会側の代理人として私の元に依頼して来たのです。（中略）土橋、稲田、高橋、三氏の依頼は、学会そのものの依頼と信んじ、私の心五分、学会の依頼五分と考え合せ、この問題解決のため全力を尽くし解決致しました。そして学会側からの依頼に関しては百パーセントなし得たと断言出来ます。

百条委員会に関しては、週刊サンケイにも記されていた中心人物、河原崎（澄雄）市議を自宅に呼び説得に説得を重ねました。私は常に物事に対処する時は、自分の生命を賭け、明日を考えずその一事、一事、に全力をぶつけて力一杯生きています。ですからこの件にしても、もしこれが刑法二二三条に於ける処の強要罪になったとしても、私は自分自身に信念を持ち行動して来ました。又、市民会議の代表者である今村、黒田、の両氏を喫茶店「ミミ」に呼び、市民会議を解散する様得々と説得致しましたし、山崎正友元弁護士に対しては、私自身かなり強い態度で接して私の眞意を伝えました。（中略）

学会側の、土橋、稲田、高橋氏が、私の元に来て依頼されたと言う事は、私はこの件に関して私と学会は一心同

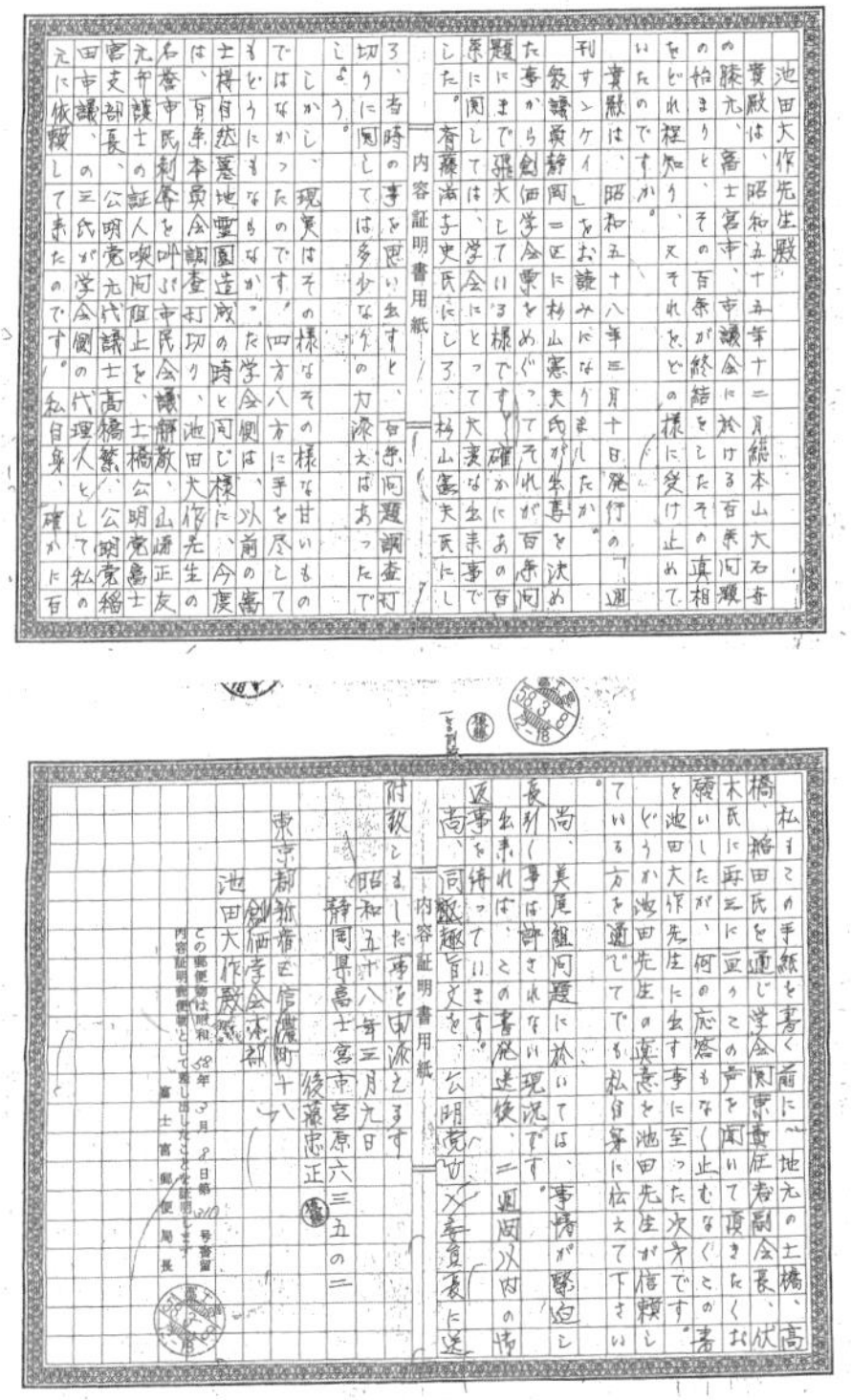

◆後藤組長が池田大作宛てに送った内容証明

体のはずです。先にも書いた様に、富士桜自然墓地霊園造成問題に関係して、私の若い者が学会のために六年もの刑を受け今だ《ママ》に受刑中ですが、（中略）それを知りあえて私に百条委調査打切り、市民会議解散、山崎正友の証人喚問阻止を依頼して来た現実は拭う事の出来ない事実であり、私の信念五分、学会側の依頼五分と言うのも判って頂けると思います。（中略）

　しかるに学会側はそんな私の心を踏みにじる問題を投げつけて来たのです。私には地位も名誉もありません。しかし仁義は守り、その上での意地があります。（中略）

　学会の指導者は、七百年前に日本を救い数限りない人々に明日え《ママ》の光明を与えて下さった日蓮聖人の教えを冒涜し、己だけの権力指向《ママ》を欲望に生き、口先だけで勤行を唱えているにすぎない（中略）私は池田大作氏の眞の声を聞きたい……】

創価学会文化会館に銃弾が撃ち込まれる

　ところが後藤が、池田宛てにこの内容証明を出した3カ月後の83年6月、突如として、静岡県警富士宮署に「後藤組壊滅対策本部」が設置されたという。再び後藤の著書から引用しよう。

〈当時はまだ、山一戦争（84年から89年にかけて起こった山口組の分裂抗争）も始まってなかったし、地元では、それまで散々大暴れしてたのに、そんなもんができたことは一度もなかったんだ。

　この対策本部ができてからというもの、ウチの若い衆が片っ端からパクられていった。それこそションベンしても、屁《へ》をひってもしょっ引かれて、1年足らずの間に60人以上がブチ込まれたんだ。ガサ（家宅捜索）の時は決まって、（静岡県警）本部から、わざわざ本部長がヘリに乗って飛んできて、（後藤組の）事務所の上をグルグル回って、本部長自ら、（家宅捜索を）指揮してたんだよ。

　その時、思ったね。ああ、そうか、お前ら（学会）はいざとなるとこんな汚い手使ってきやがるんだな、と。そりゃ、国会だったら公明党使って、警察庁に圧力かけりゃあいい話だし、池田のお膝元の（東京）都議会でも、公明党は昔から与党だったしな。予算握ってるもんで、警視庁に圧力かけるのも造作はないわ。

　けど、これには本当に頭にきた。「じゃあ、池田先生に直接、ものを言いに行くしかないわな」と思ったよ。

　そうこうしているうちに、若い衆が、池田が東京女子医大に入院したという話を聞きつけて、俺より先に「池田先生」に会いに行ったらしいわ（笑）。ところが、それを知った池田が急に退院しちゃったもんで、若い衆は（東京都新宿区）信濃町の学会本部（創価学会文化会館）まで出かけていったんだ〉

◆後藤組に銃撃された創価学会文化会館

　そして85年11月12日、創価学会文化会館で、後藤組系幹部ら3人が銃弾を撃ち込み、銃刀法違反で現行犯逮捕された。

〈これには池田もビビッただろうな。そりゃそうだわ、行く先々で〝パン〟って音がするんだから（笑）。それで慌てて、俺んところに池田の使いのもんが飛んできて、詫びを入れてきたんだ。この人間は山崎と違ってまだ生きてるし、俺はべつにこの使いのもんが心底憎いとか、嫌いというわけじゃないから、本人の名誉のためにも「X」とでもしておこうか（笑）。

　このXが、山崎の後の、俺と学会との〝窓口〟になったわけだ。「陸軍中野学校の出身」とか言って、山崎がいなくなった後はこのXが〝裏〟の仕事を担当してたんだ。このXを通じて池田が詫びを入れてきたことで、その後はまた学会に協力してやることになったんだ〉

　著書の中で後藤は、「X」の名前はもちろんのこと、その素性についても、詳《つまび》らかにしていない。だが、複数の創価学会関係者の証言から判断して、この「X」は、冒頭で登場する藤井富雄・元公明党東京都議とみて間違いない。

　藤井は、定年制（66歳以上は原則として再度立候補できない制度）を導入した公明党の中で、例外的に都議を11期まで務め、初代「公明」代表や公明党最高顧問にも就いた同党の重鎮だ。が、それはあくまで表の顔で、〈裏〉のそれは、後藤の言う通り〈池田のつかいのもん〉、つまりは後藤組をはじめとするヤクザなど「反社会的勢力」と創価学会との〈窓口〉だった。

　この〈池田のつかい〉である藤井の〝活躍〟で、創価学会は後藤組との〈協力〉関係を再び取り戻す。その一方で創価学会名誉会長だった池田は91年11月、日蓮正宗から破門され、これ以降、宗門と学会は激しく対立する。

　そして、その池田破門から5カ月後の翌92年4月には、学会と対立する大石寺「妙遠坊」で発砲事件が発生。同年5月には大石寺「奉天寮」に火炎瓶が投げつけられるという事件が起こるのだ。まるで学会側の意をくんだかのように、である。

後藤―藤井会談はこうして〝盗聴〟された

話を冒頭の後藤―藤井会談に戻そう。先述の通り、後藤はいきなり、藤井をこう問い詰めたという。

「なんでウチを飛ばして、中野の会長を通じて、五代目の親分に話を持ってったんだ?」

果たして藤井は中野会長を通じ、渡辺組長に一体、どんな依頼をしたというのか……。

これについては後に明らかにするが、「あんたんちのために、ウチの若いもんが一体、何人捕まったと思ってんだ?」と後藤からさらに責められた藤井は、その後も苦しい言い訳に終始したという。当然のことながら後藤は簡単には納得せず、同じようなやりとりが二度、三度と繰り返されたが、最後は後藤も矛を収め、会談は45~50分ほどで終わったという。

ところが、この会談の模様は何者かによって密かに撮影され、数カ月後にはその〝内容〟が永田町に流出。さらにはこの後藤と藤井との「密会ビデオ」の存在はその後、何度かメディアでも報じられたため、ご記憶の読者もおられるだろう。

この「密会ビデオ」についても後に詳しく述べるが、実は後藤―藤井会談は、ビデオで撮影されただけでなく、録音、つまりは盗聴されていたのである。

後藤―藤井会談から17年……。私はようやく、それを実際に盗聴した人物を特定した。さらにその人物の所在を割り出し、接触を試みたところ、「匿名ならば……」と取材に応じてくれることになったのだ。

この人物を仮にA氏としておこう。49年、九州出身のA氏は現在、62歳。大学卒業後、不動産業や福祉関係の仕事に就き、今もさまざまな事業を展開する実業家だ。待ち合わせ場所となったJR博多駅に近いホテルに現れたA氏は、極めて物腰の柔らかい紳士で、私も実際に話を聞くまでは、彼が後藤―藤井会談盗聴の〝実行犯〟だとは正直、信じられなかったほどだ。

A氏は「よく(後藤―藤井会談を盗聴したのが)私だと分かりましたね」と苦笑いしながらも席に着き、彼が会談を盗聴するに至った経緯、さらにはその様子や内容を、記憶を辿《たど》りながら話してくれた。A氏が語る。

「そもそも、なぜ私にそんな(盗聴の)技術があるのかって思われたでしょう?

実は私は高校時代から全共闘運動にのめり込み、大学に入ってからは『中核派』に入ったんです。それから28歳になるまで(中核派の)活動家として生きてきたんですが、その間ずっと、『革マル派』や『革労協』など、(中核派と)対立するセクトの動向を調べる

『調査部隊』に所属し、そこで盗聴や尾行の技術を身につけたんです。

盗聴・尾行のお株は今ではすっかり革マル派に奪われちゃったけど（笑）、当時は技術的に中核派のほうが上だったんですよ。

28歳で運動から足を洗い、アパレル関連の会社を経て、不動産を仲介する会社に就職したんですが、そこでさまざまな物件を手掛けるうちに、『大中圭四郎』という人物と知り合うんです」

大中は48年、福岡県朝倉郡生まれの63歳。九州大学理工学部を卒業後、日本電気（ＮＥＣ）に勤務したが、高校時代の同級生に誘われ、旧田中派の重鎮、二階堂進・元自民党副総裁の秘書に就いた。そして二階堂の人脈を利用し、九州の最大企業「九州電力」に食い込み、「玄海原発」建設の際には、周辺漁協の買収工作に暗躍したという。

しかし、２０００年には建設関係のトラブルから、何者かに刃物で切りつけられ負傷。また九電最大のグループ企業である「九電工」の現地法人社員が、自社製品を採用してもらおうと、フィリピン国家捜査局の長官らに高額のゴルフ用品を贈ったとされ、全国で初めて外国公務員への利益供与（不正競争防止法違反）で立件された事件（07年）にも関与していたという。さらには乱脈経営や使途不明金事件で揺れた地元の学校法人「福原学園」にも関係していた、いわくつきの人物だ。Ａ氏が続ける。

「大中さんと本格的に付き合うようになったのは、私が不動産業者として独立した38歳ぐらいのころでした。私が〝盗聴〟という特殊な技術を持っていることを知った大中さんは、それを利用し始めたのです。

以降、大中さんの依頼で約15年にわたって、九経連（九州経済連合会）の会長や専務理事、大物政治家の秘書や学校法人の理事長ら財界、政界関係者の電話などの盗聴を行ないました。

私も不動産関係の仕事で、大中さんには散々、儲けさせてもらったので、彼からの依頼を断わったことはありませんでした。

それらの盗聴で得た情報を大中さんが何に、どう使ったのかについては私のあずかり知らぬところですが、彼のやり方は決して、盗聴した相手に、いきなりテープを聞かせて脅す――などという荒っぽいものではありません。テープをいったん文字に落として加工したメモや、テープをもとに書かせた情報紙の記事などを相手に見せ、『こんなものが出回ってるんですが……』と驚かせ、『私が何とかしますから』と言って自分の要求を呑《の》ませる――という手法でした。つまりはマッチポンプですね（笑）。

後藤―藤井会談の盗聴も、大中さんからの指示でした。確か、指示を受けてから実行するまでほんの数日しかなかったと記憶しています」

盗聴現場は東京・神谷町のオフィスビル

そして大中の指示を受けてA氏が向かった先が、冒頭で記したホテルオークラにほど近い、白いレンガ造りのオフィスビルの2階だった。

「後藤―藤井会談の盗聴の依頼者は、この事務所の主だったBさんでした。Bさんは当時、政官財だけでなく、ヤクザや右翼に幅広い人脈を持ち、大型経済事件では必ずといっていいほど、その名前が取り沙汰されるフィクサーとして知られていました。

大中さんとも昵懇《じっこん》の間柄で、私も以前、大中さんの紹介で面識があったので、Bさんから依頼された〝仕事〟なら私の存在が明らかになることもないだろうと安心して引き受けたんです。

大中さんの事務所は当時、神谷町（虎ノ門）にあったのですが、Bさんの事務所はそこから徒歩数分のところにありました。事務所に着くと、Bさんから『明日、ここである会談があるので、その会話を録音して欲しい』と頼まれたんです」

そして決行日当日――。会談が行なわれる2時間前にB氏の事務所に入ったA氏は早速、盗聴の準備に取り掛かったという。

「本来ならば、こういうケースは電話用の盗聴器を仕込み、有線で行なうのが確実なんですが、盗聴器から録音機までのびるコードをきれいに隠すには、それなりの技術と時間が必要なんです。けれども、あの時は依頼が急だったため、またBさんからは『助手を使うな』と言われていたので、有線を使っての盗聴は諦《あきら》め、盗聴発信機を仕掛け、無線で飛ばすことにしたんです。

そのころには、すでに大企業などでは盗聴に対する警戒心が強まっており、クリーニングを行なう会社も出始めていたことから、できれば（発見される）リスクの高い無線は使いたくなかったんですが、（有線での盗聴を）準備する時間がなかったため、致し方ありませんでした。

Bさんの事務所は玄関を入ると、左手前が『事務室』、奥が『応接室』、右手前が『会議室』、奥が『社長室』という構造でした。会談は右手奥の社長室で行なわれることになっていました。

社長室には、Bさんのデスクの前に、革張りのソファーが二つ、テーブルを挟《はさ》んで置かれていたのですが、入口から奥のほうのソファーに、藤井さんを座らせる手はずになっていました。

そこで私は藤井さんが座る側のソファーの座席の真下と、背もたれの裏の二カ所に発信機を仕掛け、社長室の隣の会議室に、受信機と録音機を設置。社長室から電波を飛ばし、それを隣の会議室に置いた受信機でキャッチし、録音することにしたのです。

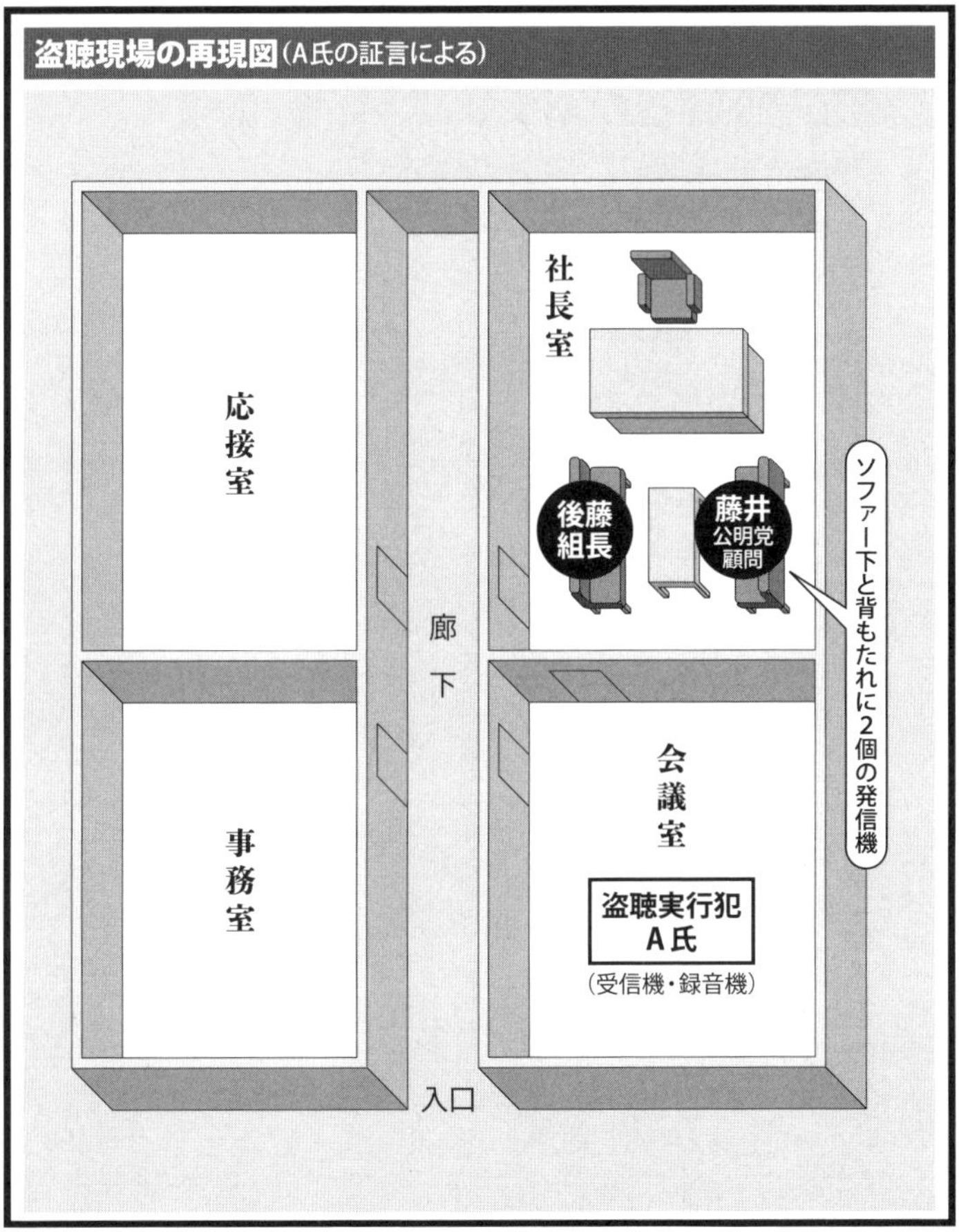

念のため発信機は100メートルくらい電波を飛ばせるものを使ったのですが、Bさんの事務所の近くにはアメリカ大使館もあったので、アメ大は間違いなく傍受していたでしょうね。

会談が始まる1時間前には盗聴の準備が終わり、約束の時間の30分前には後藤さんがやってきて、Bさんから『今日、録音してもらうAさんだ』と紹介されました。後藤さんはTシャツに薄手のジャンパー姿でした。

後藤さんに挨拶した後、私は会議室に入ってスタンバイし、Bさんと後藤さんは社長室で雑談しながら藤井さんの到着を待っていました。社長室の中から会議室に入る扉は締め切り、廊下から会議室に入る扉にも鍵をかけて、会議室には誰も入れないようにしました。しばらくすると、事務所の入口が開き、誰かが廊下を歩く音が聞こえたので、録音機を回し始めたのです。

藤井さんでした。『やあ、やあ』と言いながら社長室に入り、Bさんや後藤さんと雑談していたのですが、しばらく経ってからBさんが席を外し、後藤—藤井会談が始まったのです」

山口組五代目に何を依頼したのか？

では、肝心の会談の内容は一体、ど

のようなものだったのか。A氏が記憶を辿る。

「二人の会話を一言一句覚えているわけではありませんが、いくつかのセリフは記憶しています。Bさんが社長室を出た後、後藤さんと藤井さんとの間には、しばらく沈黙があったのですが、最初に口を開いたのは後藤さんでした。後藤さんはいきなり、藤井さんをこう問い詰めたのです。

『なんでウチを飛ばして、中野の会長を通じて、五代目の親分に話を持ってったんだ?』

おそらく藤井さんが、後藤さんの頭越しに、中野会を通じて山口組の五代目組長に何かお願い事をしたんでしょう。それに後藤さんは腹を立てている様子でした」

では、藤井は中野会を通じ、渡辺組長にどんな「お願い事」をしたのか。旧後藤組関係者が明かす。

「学会はそれまで散々、後藤の親分に頼み事をしていたにもかかわらず、用済みとなったら、（後藤組との関係を）切りにかかってきた。けれども、学会のほうから一方的に手を切れば、10年前の事件の二の舞になると考えたんだろう」

旧後藤組関係者の言う「10年前の事件」とは、先にも述べた富士宮市での反対運動や百条委員会潰しで、学会が後藤組を利用した挙句、その後知らぬふりを決め込んだため85年、創価学会文化会館が後藤組系幹部らによって銃撃された事件のことだ。関係者が続ける。

「そこで学会は、山口組のトップである五代目の親分に後藤組を抑え込んでもらおうと、藤井が中野会を通じて山口組の本家に、『後藤を何とかしてください』と泣きついたわけだ。それ相応の〝手土産〟を持って、な。

その後、五代目から後藤の親分はこう言われたそうだ。『なぁ、後藤よ。（創価）学会はもういいにしようよ』って。つまりは『これ以上、学会には触るな』ということだ。

だが、こんな大それたことを藤井が、自分の一存で決められるはずがなく、その裏には当然、池田大作の指示があったはずだ。この池田の汚いやり口には後藤の親分も腸《はらわた》が煮えくり返っていたそうだ」

ヤクザを散々、利用しておいて用済みとなれば切り捨てる——どうやらこれは池田大作＝創価学会の抜き難い〝体質〟のようだ。このような経緯があったからか、後藤自身も前掲の著書『憚りながら』の中で、池田を名指しでこう罵倒している。

〈一番の悪はやっぱり裏で、山崎だの、Xだのに〝汚れ仕事〟させといて、表では善意で満ち溢れた教祖サマ面してる、池田大作だろうな〉

再びA氏の述懐に戻ろう。

「後藤さんから突然、そう問い詰めら

れた藤井さんは必死で言い訳していましたが、これがもう、とにかく大声で（笑）。発信機を二つ仕掛けていたため、私は会談中、二つのイヤホンを両耳に入れて聞いていたのですが、思わず外したくなるほどでした。

ただ、そんな大声で話しているにもかかわらず、藤井さんの話にはまったく内容がない。その釈明はまさに『言語明瞭、意味不明瞭』といった感じでした。

後藤さんは始め、藤井さんの言い訳を黙って聞いていましたが、しばらく経ってから今度はこう言ったんです。

『藤井先生よ、あんたんち（学会）のために、ウチの若いもんが一体、何人捕まったと思ってんだ？』

これに対しても藤井さんは大声で釈明するものの、他人の私が聞いてても、まったく言い訳になってないという感じでした。

会談の中身といっても、後藤さんはこの発言を二度、三度繰り返しただけで、あとは藤井さんがずっと大声で釈明しているという感じでしたね。

しかし、最終的には二人の間で『今後とも（創価）学会絡みの案件は後藤組を通す』ということで話がつき、一応は丸く収まった様子でした。会談中の藤井さんの発言は終始、意味不明だったのでよく覚えていないのですが、別れ際のセリフだけはよく覚えています。後藤さんが席を立つ間際、藤井さんは後藤さんにこう言ったんです。

◆山口組の渡辺芳則五代目組長

『また、ビュフェの絵を贈ります』と」

ベルナール・ビュフェは、第二次世界大戦後の具象派を代表するフランス人画家で、繊細でありながら力強い線描を持つ作品で知られている。A氏が続ける。

「私も絵が好きなもので『ほー』っと思ったんです。ビュフェの作品はさほど（値段が）高くないんですが、当時から人気がありましたから。それに藤井さんの口ぶりを聞いていると、彼が後藤さんに絵を贈るのは一度や二度ではないような印象を受けました。

会談が終わり、後藤さんと入れ替わりにBさんが入ってくると、藤井さんは疲れきった様子で『ふぅ〜』と大きなため息を漏らしてました（笑）。その時、Bさんが藤井さんにかけた言葉は、今でも鮮明に覚えてます。Bさんは藤井さんにこう言ったんです。

『藤井先生、ヤクザってのはねぇ、猜

疑心が強いんですよ。そうでなけりゃ、早死にするんですよ』って。なるほど、そうか……と妙に納得したものです(笑)。

それを受けて、藤井さんは苦り切った様子でこう漏らしてました。『う〜ん……。それにしてもしつこいな……』と。

会談は45〜50分ほどで終わりました。両面120分のカセットテープをオートリバースで準備していたのですが、片面60分のテープがまだ余っていましたから。無線機の調子も、受信機の感度もよく、録音状態も完ぺきでした。

ただそのテープがその後、どう使われたかについては知りません。私は依頼された〝仕事〟をこなしただけなんでね……」

だが、後藤と藤井の関係はその後、決してA氏が言うように「丸く収まった」わけではなかった。それについては後に触れるが、盗聴から数カ月後、事態はA氏が想像もつかなかった形で展開していく。

盗聴の依頼者は大物代議士の秘書

極秘裏で行なわれたはずの後藤―藤井会談の〝内容〟が外部に流出するのである。しかも前述の通り、盗聴テープではなく、「密会ビデオ」というオマケつきで、だ。そして会談から約2年後にはこのように週刊誌で報じられることになる。

〈……そもそもこのテープは95年に撮られたというが、どのような内容なのか。

「藤井は港区内のとある事務所で後藤組の後藤忠政組長に会い、反学会活動を続けている政治家など5人の名前をあげて、『どうにかならないか』という内容の相談を持ちかけた。この密談の様子が何者かによってビデオで隠し撮りされ、外部に流出したとされる。テープは約40分。画像は鮮明ではないが、声は藤井の声に酷似しているといわれる」(創価学会関係者)〉(『週刊現代』97年11月22日号)

だが、当の後藤―藤井会談の盗聴の〝実行犯〟であるA氏は、この記事を見て首を傾《かし》げるのだ。A氏が再び語る。

「僕は盗聴を担当していただけで、会談の様子が、ビデオカメラで録画されていたことなど知りませんでした。それに会話の内容も、僕が聴いていたのとまったく違う。藤井さんがそんな物騒な相談を後藤さんにしていたのなら、いくらなんでも覚えてますよ(笑)」

これは果たして、どういうことなのか。そもそもそのような「密会ビデオ」は本当に存在するのか……。

私はまず、A氏に盗聴を指示した大中圭四郎に接触を試みた。大中の知人を通じてコンタクトを取る一方で、彼が設立に関わった都内のある財団法人を通じて取材を申し込んだ。が、残念ながら、本稿の締め切りまでに大中からは返事がなかった。

そこで、後藤―藤井会談の現場となったオフィスの主で、大中を通じてA氏に盗聴を依頼したとされるB氏を直撃したところ、B氏が匿名を条件に語ってくれた。

「ビデオはあった。というか、俺が撮ったんだよ（笑）。ティシュの箱にCCDカメラを仕込んで、後藤組長と藤井先生の2人が写るように（社長室の）デスクの上に置いて。ある筋から『後藤と藤井が密会している現場を撮って欲しい』っていう依頼があったんでね。

当時、俺は後藤組長とは昵懇《じっこん》だったし、藤井先生とも『来てくれ』とお願いすればすぐに来てくれるという間柄だったから、俺に頼んできたんだろう。依頼者はある大物代議士の秘書。その代議士の名前？　それは言えない（笑）。二人が何を話していたかって？　覚えてないなぁ……。俺としては、（後藤と藤井の）二人が会っているところを撮ればよかっただけの話だからな」

秘書を通じて、B氏に「密会ビデオ」の撮影を依頼した「大物代議士」とは一体、誰なのか……。これについてはさすがのB氏も固く口を閉ざしているため、残念ながら現時点では特定できないのだが、この「密会ビデオ」はさらに奇々怪々な動きをみせるのだ。

これについては『月刊現代』04年2月号に掲載されたジャーナリスト魚住昭氏のレポート「野中広務『権力二十年戦争』―創価学会を『折伏』させた胆力の光と影」が詳しい。少々長くなるが、いかにこの「密会ビデオ」が政治的に利用されたか、さらには誰が、何に使ったのかがよく分かる内容なので、引用させていただこう。

〈小沢一郎の側近、平野貞夫（当時新進党参院議員）が友人の権藤恒夫から「会いたい」という連絡を受けたのは一九九六年（平成八年）三月六日のことだった。権藤は公明党時代に国対委員長として活躍した新進党の代議士である。平野はすぐ議員会館の権藤の事務所に向かった。部屋に入ると、深刻な顔をした権藤が口を開いた。

「何とか住専予算で妥協する方法はないだろうか」

国会は破綻した住専（住宅金融専門会社）の処理策をめぐって大揺れに揺れていた。小沢が率いる新進党は六千八百五十億円の税金投入に反対して二日前に予算委員会室の出入り口で座り込みをはじめたばかりだった。

「ようやく政府を追い込んだというのに、妥協の話はないでしょう。何があったんですか」

平野がそう言うと、権藤は怒りで顔を歪めながら小声で話しはじめた。

「野中さんが会いたいというので久しぶりに会ったんだが、とんでもない話だった。『公明』代表の藤井富雄さんが暴力団の後藤組の組長と会ったところをビデオに撮られたらしい。そのテープを自民党側に届けた者がいるということなんだが……」

藤井は創価学会名誉会長・池田大作の側近といわれる東京都議で、後に野中とともに自公連立の牽引車となる人物である。当時は新進党に合流していない旧公明党参院議員と地方議員を束ねる「公明」代表をつとめていた。

その藤井が山口組きっての武闘派として知られる後藤組（本拠・静岡県富士宮市）の組長・後藤忠政と密会している場面を隠し撮りしたビデオテープがあるというのである。

「脅かされているので妥協したいということなのですか？」

平野の問いに権藤が答えた。

「ことは暴力団がからんだ問題だ。学会も気にしているから放っておけない。このままだと公明系（の新進党議員）がもたなくなるので、何かいい知恵はないだろうか」

平野は権藤と二人で党首の小沢に報告に行った。小沢は、

「学会が困っているんだから、話し合いをしてやれよ」

と、権藤・野中ラインでの交渉開始を了承したが、

「条件が二つある。一つは予算を修正すること。もう一つは自民党にも経済構造改革の必要性を分かっている人がいるから、住専問題を機会に改革のきっかけを作ることだ」

と釘を刺した。住専予算をめぐる権藤・野中の水面下の交渉はこうしてはじまった。平野の回想。

「交渉結果は逐一、権藤さんから報告を受けました。向こう側には野中さんだけでなく（参院自民党幹事長の）村上正邦さんや亀井静香さんもいて、問題を表に出したくなければ住専で妥協しろと言ってきた。でも、小沢党首は予算案から（六千八百五十億円の）数字を削れと言って譲らない。間に入った権藤さんは学会からもいろいろ言われるから困ってね。そうこうするうちクリントン大統領の来日が迫ってきた。それまでに予算案を衆院通過させなきゃいけないというので、事態はかなり切迫してきたんです」

住専国会で新進党切り崩しの材料になった「密会ビデオ」。その存在が永田町の一部で密かに取りざたされるようになったのは、これより三カ月前の九五年一二月ごろのことである。

当時、自民党の組織広報本部長として反学会キャンペーンの先頭に立っていた亀井が「命を狙われている」という噂が流れた。まもなくその噂を裏付けるように亀井付きのＳＰが増員され、亀井の車はつねに警視庁の警備車両二台にはさまれて移動する騒ぎになった。村上正邦の元側近が語る。

「騒ぎの発端は、藤井さんと後藤組長の密会ビデオでした。亀井さんが入手したそのビデオのなかで、藤井さんは

反学会活動をしている亀井さんら四人の名前を挙げ『この人たちはためにならない』という意味のことを言ったというんです。受け取りようでは後藤組長に四人への襲撃を依頼したという意味にもとれる。それで亀井さんと村上、警察関係者、弁護士、私も加わって対策会議が開かれたんです」

会議にはビデオの実物は出されなかったが、登場人物二人のやりとりを筆記した書面があった。その場の話ではビデオの映像はかなり画質が悪いうえに雑音が混じっていて声が聞き取りにくかったが、専門家に鑑定してもらった結果、登場人物は藤井と後藤にほぼ間違いないと分かったという。

「でも、この会議のころは野中さんはビデオの件にはコミットしてません。逆に『野中にはバレないように気をつけろ。何をされるかわからないから』という話でした。ところがしばらくして村上が『えらいことだ。野中に嗅ぎつけられた』と騒ぎ出した。事情は詳しくわかりませんが、野中さんが亀井さんに『見たでぇ』と言ったらしいんです。それからずいぶんたって村上が『野中が一仕事したみたいだな』と言ってました。『何ですか』と尋ねたら『あのビデオで信濃町（学会）をやったみたいだぞ』という返事でした」〉

魚住氏のレポートによると、この「密会ビデオ」は何者かによって〈自民党側に届けられ〉、住専国会での〈新進党切り崩しの材料になった〉というのだ。

直撃取材に狼狽する藤井都議会公明党顧問

それにしても、である。前出のB氏の証言、さらには魚住氏のレポートにもあるように、確かに「密会ビデオ」は存在したのだろう。が、そこに録画されたといわれる後藤―藤井会談の内容は、それを実際に盗聴した前出のA氏が記憶しているものとは明らかに異なる。ならば一体、誰が、何のために、二人の会話の内容をネジ曲げたのか……。

そこで私は魚住氏のレポートに登場する野中、亀井、村上の三氏に取材を申し込んだところ、まずは村上氏が取材に応じてくれた。

「あなたから（密会ビデオについての）取材の申し込みがあった数日後に、亀井さんと会ったんで、『こんなビデオの話、知ってるか』って聞いたら、『持ってるよ』って話していたよ（笑）。けど、僕自身は記憶がないんだなぁ……。魚住さんの記事には、僕の〈元側近〉の話として『亀井さんと村上、警察関係者、弁護士、私も加わって対策会議が開かれたんです』と書かれているが、そんな会議を開いた記憶もないし、そう話している〈元側近〉というのも誰だか見当がつかない。だから『えらいことだ。野中に嗅ぎつけられた』と騒いだ覚えもなければ、『野中が一仕事したみたいだな』、『あのビデオで信濃町（学会）をやったみたいだぞ』などと言った記憶もない。魚住さんのことは信頼しているし、別にとぼけているわけでもないんだが、なんか不思議な（内容の）記事なんだよなぁ……」

そこで私は亀井氏に取材を申し込んだのだが、「この件についてはお話しできない」とコメント。野中氏は「（密会ビデオ）テープの件については、存じ上げない」と回答したので、残念ながら「密会ビデオ」がどう使われたかについては現時点ではまだ藪《やぶ》の中だ。

◆亀井静香議員は17年前の出来事について未だに口を閉ざしている

ただ、前述の通り、この後藤―藤井会談には後日談がある。

後藤―藤井会談から2年後の97年10月29日未明、新宿区にある藤井宅の南隣の家の鉄製門扉が爆破されたのだ。近くに電池やリード線、タイマーなどが落ちていたことから警視庁は、時限式爆弾によるものと断定。その後の調べで、爆発物は魔法瓶のようなステンレス製容器に火薬を詰めたものと判明した。

爆発物の形状から、警視庁は過激派による犯行の可能性は低いと判断。さらには周囲の状況から、藤井宅を狙った可能性が高いとみて捜査したが、未だに犯人は検挙されていない。

「富士桜自然墓地公園」の建設から数え30年近くにわたって、後藤組を〝暴力装置〟として利用し続けてきた池田大作＝創価学会。そしてその後藤組が用済みとなるや、今度は山口組トップに泣きつき抑え込みを図ったとされる池田大作の「醜の御盾」こと藤井富雄……。私がこれまで詳らかにしてきた、ヤクザとの深い関係について、藤井本人はどう答えるのか。

私は、藤井にインタビューを申し込むべく今年6月から、南隣の民家が爆破された新宿区内の彼の自宅を何度か訪問した。

藤井の自宅玄関にはシャッターが設けられ、所轄の警視庁戸塚署員が定期的に巡回パトロールを行なっていることから、自分が何者かに狙われていることは彼自身も、十分認識しているのだろう。

何度目かの訪問の後、家人から「取材は（東京）都議会公明党を通して欲しい」と言われたので、都議会公明党を通じてインタビューを申し込んだ。すると6月12日の正午過ぎ、藤井本人から私の携帯電話に連絡があった。以下は藤井との一問一答だ。

藤井「何の話だね？」

――95年に港区虎ノ門のBさんの事務所で後藤組の後藤忠政さんとお会いになられましたね？

藤井（しばしの沈黙の後）「私はそういうことには一切、タッチしませんから」

――え？　それは（後藤組長と）お会いになってないという意味ですか？

藤井「いや、私はそういうことにはタッチしませんから」

――その席で、中野会を通じ、当時の山口組五代目組長に「後藤組を抑えて欲しい」とお願いしたことを、後藤さんから責められた、と後藤組の関係者から伺ったんですが？

藤井「ウソだよ。そんな話は」

――え？　それは後藤組の関係者がウソをついているということですか？

藤井（慌てた様子で）「あー、いや、いや、そんな話はもう忘れました」

――いや、先生、忘れたかどうかを聞いてるんじゃなく、事実としてあったかなかったかを聞いてるんですが？

藤井「私はもうね、そういう話にはタッチしませんから」

――え？　それは「過去はタッチしていたけれども、今はタッチしていない」という意味ですか？

藤井「私はそういうことには一切、答えませんから、お断り！」

と、まぁ、最終的にはガチャ切りされてしまったわけだが、藤井のコメントはまさしく、A氏から聞いた後藤との会談の時と同様に、「言語明瞭、意味不明瞭」で、まったく要を得なかった。

ちなみに藤井は、この電話を都議会公明党からかけてきた。こんなヤクザとズブズブの関係で生きてきた男を、未だに都議会の「顧問」や政治資金団体の理事に据えている公明党という政党に果たして、いわゆる「反社会的勢力」をうんぬんする資格はあるのだろうか。

また、その公明党の「最大の支持母体」である創価学会の総資産は「10兆円」ともいわれている。この巨大宗教集団が、これほどの莫大な財産を築くことができたのも、彼らが法人税法上、非課税や減税などさまざまな優遇措置を受けられる「公益法人」のひとつ、「宗教法人」として認められてきたからにほかならない。

だが、これほどまでに「反社」とベッタリ癒着した創価学会にこれ以上、宗教法人に与えられるさまざまな「非課税特権」を認める必要があるのだろうか。

公明党を含む三党合意に基づき、国民に消費税増税という〝痛み〟を迫る前に、だ。この巨大宗教集団が、「公益法人」として認めるに相応しい団体か否かを検証する方が、どう考えても先だろう。

（文中、一部敬称略）

●「学会ウラ部隊」謀略の真実！

私は創価学会に盗撮され、通話記録を盗まれていた

学会内部資料「諜報マニュアル」掲載

言論出版妨害事件、政治家宅盗聴事件……
昭和史に残る反社会的事件を起こした創価学会だが、
その体質は今も変わっていない。

乙骨正生　フォーラム21発行人

月刊誌『潮』に載った私たちを盗撮した写真

今から17年前の1995年、創価学会の外郭企業・潮出版社が発行する月刊誌『潮』(10月号)が、「元恐喝男・山崎正友の仕掛けに踊る自民党議員のお粗末。」と題する記事を掲載した。そしてその誌面には、自民党代議士の白川勝彦(当時)、元創価学会顧問弁護士・山崎正友(80年に創価学会に造反、故人)、ジャーナリスト・段勲、筆者の4人が写った写真が載っていた。

記事は宗教法人法改正(95年12月可決成立)に創価学会の立場から反対するといった内容で、当時の国会審議で法改正に向けて噴出していた創価学会批判が、造反した山崎元顧問弁護士の仕掛けであり、学会批判の急先鋒となっていた白川代議士らは、山崎に踊らされているというものだった。『潮』はその証拠として、筆者たち4人が会合を開いた際の写真を掲載したのである。

その前年の9月27日、筆者はたしかに、白川代議士の依頼に応じて山崎、段と一緒に赤坂プリンスホテルの40階にあったレストラン「ブルーガーデニア」の個室で、創価学会について意見交換をしている。『潮』が載せた写真は、会合が終わってレストランを出ていく4人の姿を盗撮したものだった。

筆者たち4人は、創価学会に批判的

な立場にあるから、会合のことを創価学会やその関係者に伝えたりはしない。ではなぜ、4人の姿は盗撮されたのか。考えられるのは、事前に盗聴などの手段で情報を入手するか、4人のいずれか（あるいは全員かもしれないが）を尾行して、会合場所にたどり着いたということだろう。

当時の国会審議では、宗教法人法改正をめぐって、公明党とその支持母体である創価学会の「政教一致」をめぐって揺れていた。

93年に公明党は、細川護熙内閣（非自民連立政権）に参加したが、その組閣前夜に、池田大作名誉会長が創価学会の本部幹部会で「デージン・デージン（大臣）」と大はしゃぎしていた。公明党議員が「総務庁長官」「郵政大臣」「労働大臣」といった大臣ポストに就任することを事前に発表し、「みんな、皆さんの部下だから」といって、大臣が創価学会員の部下とも解釈できる発言をしていたのだ。

元恐喝男・山崎正友の仕掛けに踊る自民党議員のお粗末。

日顕にあてた手紙で誇示する政界とマスコミへの策謀。

大蔵文人

テレビ中継をする予算委でイヤガラセ

参院選で国民から離縁状を突きつけられた自民党が、オウム事件を口実にして、どさくさ紛れに露骨な創価学会攻撃を強めている。

そんな折も折、一連の自民党の動きの舞台裏を暴露する動かぬ証拠が露見した。恐喝で懲役三年の実刑を受けた元創価学会顧問弁護士・山崎正友が、日蓮正宗管長の阿部日顕に送っていた手紙である。

山崎は弁護士の立場を利用して、数億の悪銭を懐にし、創価学会乗っ

〔上〕右から、白川勝彦代議士、同秘書、山崎正友
〔左〕左から、乙骨正生、段勲、山崎正友、白川代議士秘書
（平成6年9月27日、都内のホテルにて）

October '95 潮 278

◆学会系の月刊誌『潮』に載った筆者たち4人が盗撮された写真。当時、1995年に発生したオウム事件の影響で、国会では宗教法人の厳格な管理・監督をめぐって議論が沸騰。それまで数々の事件で、社会と摩擦を起こしてきた創価学会は、宗教法人法の改正をくい止めようと躍起になっていた

これについて複数の自民党代議士が、憲法20条が規定する「政教分離」に違反していないかと問題視した。そして池田の国会証人喚問を求めたため、創価学会は危機感を抱き、学会に批判的な議員の動静や言動についての情報収集に全力をあげていた。

盗撮された白川代議士は、自民党の中でも創価学会批判の司令塔的存在として、学会側から重要なターゲットにされていた。また山崎は、宗教法人法改正の仕掛け人として徹底的にマークされる対象であり、創価学会からの恒常的な尾行や監視にも見舞われていた。そして段と筆者も、創価学会問題を追究するジャーナリストなので、創価学会に敵対視されていた。

『潮』はそうした4人の盗撮写真を載せたわけだが、それはいみじくも創価学会ないしはその関係者が、批判者や対立者に対して尾行や盗撮を行なって

いることを自白したようなものだった（この盗撮事件については、98年の国会質疑で当時の長尾立子法務大臣が、「人権侵害のおそれは十分にある」との答弁を行なった経緯がある）。

その後も創価学会は、白川代議士や山崎元弁護士、さらには筆者に対する攻撃を激化。99年に公明党が自公連立政権に参加すると、公明党との連立に最後まで反対した白川代議士の周辺を徹底調査している。そして２０００年の衆院選挙で白川は、秘書の交通違反もみ消しの過去を選挙地盤である新潟県の『新潟日報』（『聖教新聞』を印刷）や『朝日新聞』（系列印刷会社で『聖教新聞』『公明新聞』を印刷）で大々的に報道されたこともあって落選した。

落選後、白川は自民党を離党し、新党「自由と希望」を結党して翌年の参院選に臨んだ。選挙直前の4月29日、白川は立正佼成会の東京教区長会に出席して挨拶したが、その際の挨拶が「立正佼成会・東京教区長会における『白川挨拶』内容」と題する文書として作成され、創価学会・公明党の幹部に配布された事実がある。

その文書の写しが筆者の手元にあるが、そこには会合の模様や雰囲気、白川の挨拶の要旨が書き込まれ、「この会合では専門的なことはあまり述べず、かなり曖昧な心情論に終始。しかしテープをしっかり翻訳すればかなり墓穴を掘った発言に終始していた。後日、正確なテープ起こしが必要」「かつて学会は、税金のかからぬ宗教団体の施設を使って政治活動をしている、と批判していた当人が佼成会の大聖堂で支持を訴えている大矛盾。証拠写真、後送」とある。

昭和40年代に創価学会は、新興宗教教団最大のライバルである立正佼成会の攪乱《かくらん》作戦を展開し、「ＳＣＩＡ」（後述）などと称する山崎元顧問弁護士を中心とした「山崎師団」が複数のスパイを送り込んでいたが、２０００年に入った時点でも、創価学会は立正佼成会にスパイを送り込んでいたのだろうか。同文書の存在は、創価学会の手足が長いことを示唆している。

携帯電話の通話記録を二度にわたって抜かれる

筆者は02年3月に、創価学会・公明党問題を特集する『フォーラム21』（宗教と社会の関係を考える隔週刊誌、現在は月刊誌）を創刊したが、創刊直後の3月と4月の二度にわたって、携帯電話の通話記録を違法に引き出される被害にあった。犯人は、ＮＴＴドコモの子会社であるドコモ・システムズに勤務し、顧客の秘密情報にアクセスできる職場に在籍していた創価大学出身の創価学会男子部活動家だった。携帯電話の通話記録には、筆者がいつ誰と通話をしていたか、その相手方の電話番号がすべて記録されていた。

事件は複雑な経過を遂げ、捜査の過程で警視庁や検察庁と創価学会の癒着を窺わせる不可解な動きもあったが、最終的には筆者の通話記録を違法に引き出した実行犯Kに、懲役10月、執行猶予3年の有罪判決が言い渡された。

しかしKは、犯行動機について、一貫して「個人的興味」と供述。創価学会の組織的な指示もしくは上級幹部の指示であることを否定し続けた。そのため筆者は、事件の真相を究明するために、損害賠償を求める民事訴訟を起こした。東京地裁・東京高裁ともに、事件は青年部の最高幹部（創価学会青年部全国副青年部長）で、創価大学学生課の副課長だったNの「指示又は命令」（07年11月29日・東京高裁判決）による犯行、つまり宗教的組織の上下関係にもとづく事実上の組織的犯行と認定する判決を言い渡している。

それにしても、彼らが筆者の通話記録情報を違法に収集した狙いは何だったのか。その背景を窺《うかが》わせる発言が、創価学会の内部文書にある。

◆かつて創価学会のウラ工作を仕切った山崎元弁護士（共同）

犯行から半年後、02年9月の創価学会全国総県長会議における迫本秀樹青年部長の発言である。筆者に対する憎悪を露《あら》わにする迫本発言には、創価学会が筆者の情報、ことに『フォーラム21』に関する情報の収集に力を入れていたことが浮かび上がってくる。批判者攻撃のための情報収集と攻撃のパターンがよく分かるので、以下に引用してみたい。

「昨日の本部幹部会で、佐藤総合青年部長から話があった。乙骨の正体を暴いた小冊子が発刊された。（中略）小冊子では、乙骨の記事がいかにインチキで悪辣か、一つ一つ検証している。学会を巡る三大事件報道というのがある。東村山市議（注：創価学会批判を行なっていた市議の不審死事件）のネタを新潮（注：週刊新潮）に持ち込んだのも乙骨。北海道の僧侶交通死（注：室蘭市にある日蓮正宗寺院の住職が不審な事故死を遂げた件）について、自民・川崎（注：川崎二郎代議士）の国会質問を段勲と山友（注：山崎正友）と三人で仕掛けた。信平記者会見（注：元創価学会婦人部幹部が池田大作にレイプされたとして告発した際の記者会見）で司会まで務めた。一読していただければ、いかにマスコミ人として基本ができていないか、イロハが身に付いていないかが分かる。いつどこでなどの5W1Hをふまえていない。この小冊子は、

9月11日頃、各会館に到着予定で、壮年、婦人、教宣部、青年部で活用をお願いしたい。（中略）

乙骨は、選挙のたびに信教と思想の自由を守る会などやってきた。今回も、不当な媒体（注：筆者が発行する『フォーラム21』のこと）となって選挙妨害をしてくる。しかし、発刊半年もたたない中で、今回名誉毀損で訴えられた。内容は、この3月に、身延久遠寺の坊主による脱税事件を学会が仕掛けたという出所不明の証言にもとづく紙面をつくった。さらには、国税に学会が圧力を掛けたようなことまでいっている。この男の妄想は常人の意識を超えている。1000万円の損害賠償で訴えた。創価学会がついに言論封殺に出てきたと言っているが、望み通り、とことん破折し、どんどん訴える。表舞台に立てなくなるまで叩きつぶす」

ちなみに筆者を攻撃するための小冊子とは『ガセネタ屋　乙骨正生の正体』と題するもので、この後3回にわたって改訂増補版が出版されている。執筆したのは新宿の創価学会組織で地域幹部を務める井原武人（佐倉敏明、江原芳美というペンネームを使う）で、井原が代表を務める有限会社エバラオフィスと創価学会の外郭出版社である鳳書院から出版された。そしてこの井原がやはり代表を務める株式会社JTCには、本書の別項で触れているように、公明党から調査費として年間平均で6500万円が入金されている。

諜報活動のルーツは共産党委員長宅盗聴事件

通話記録の違法な引き出しから想起されるのは、東京地裁・高裁で創価学会の組織的犯行と認定された日本共産党宮本委員長宅の盗聴事件である。

70（昭和45）年5月3日の創価学会本部総会の席上、池田会長（当時）は、前年暮れに発覚し、一大社会問題・政治問題に発展していた創価学会・公明党による言論出版妨害事件について「猛省」すると謝罪、あわせて創価学会と公明党の政教分離を約束した。

政治評論家で明治大学教授の藤原弘達著『創価学会を斬る』をはじめとする創価学会に批判的な出版物に対して、創価学会・公明党が言論・出版妨害をくり返していたことに社会は反発。言論出版妨害に政権与党・自民党の田中角栄幹事長（当時）も関わっていたため、70年1月に開会された第63回特別国会では、池田会長の国会証人喚問が取りざたされる騒ぎとなった。

最終的に池田喚問は実現せず、事件も池田の謝罪講演で幕引きとなったが、創価学会内部では、国会内外でもっとも激しく言論出版妨害事件を追及した日本共産党に対する敵愾心《てきがいしん》が沸騰。共産党を攻撃するための情報収集活動の一環として、宮本顕治書記長（当時）の自宅に盗聴器を仕掛けるという違法行為、犯罪行為に手を染めたのだ。

当時、創価学会の顧問弁護士だった山崎に率いられた創価学会学生部幹部らによる盗聴部隊は、池田の謝罪講演直後の70年5月、北條浩副会長（注：第四代会長）の承認による資金提供のもと、東京都杉並区にあった宮本宅への盗聴を実行。電柱に設置された宮本宅に引き込まれる電話線の端子函に盗聴器を取りつけて、盗聴に成功する。

もっとも、共産党が早々と盗聴に気づいたため、7月に入って盗聴部隊は盗聴器を撤収。山崎は同年夏の創価学会の夏期講習会の折に、参加していた学生部幹部の神崎武法（後の公明党代表）、福島啓充（弁護士・創価学会副会長）の両検事に、証拠隠滅について相談したといわれている。

これをきっかけに、山崎率いる盗聴部隊は「山崎師団」「ＳＣＩＡ」などと呼ばれるようになり、創価学会の謀略活動、情報収集活動の中核として、各種の謀略に従事するようになった。

山崎の手記によれば、「山崎師団」は、妙信講（後の顕正会）対策、富士宮市問題、保田妙本寺造反事件、立正佼成会攪乱事件、日蓮正宗との抗争などで大いに成果を挙げたという。その結果、山崎氏は創価学会内部で重用されるようになり、最高幹部へと昇進。「創価学会のキッシンジャー」と呼ばれる池田の懐刀的存在にまで上り詰めた。

山崎と同様、盗聴の実行犯たちも創価学会内部で昇進を続けていった。実行犯の主犯格だった竹岡誠二は、副男子部長・創価班全国委員長に抜擢され、池田の親衛隊とも呼ばれる「伸一会（注：池田が執筆したとされる『人間革命』での池田の登場人物名、山本伸一にちなんだ組織）」のメンバーにも選抜された。

この宮本宅盗聴事件は、山崎が創価学会に造反したことで、その真相が明るみに出た。すでに刑事事件としては時効を迎えていたため、宮本は北條会長や山崎、竹岡らを被告（北條は審理中の81年に死去、遺族が継承）とする損害賠償請求訴訟を東京地裁に提訴している。裁判の過程で創価学会側被告は北條の関与を否定し、山崎単独犯行説を主張したが、一審判決（85年4月）、二審判決（88年4月）ともに北條の関与を認定し、盗聴事件は創価学会の組織ぐるみの犯行とする判決を言い渡した。

ちなみに竹岡は、事件発覚後、組織の表舞台からは姿を消したが、『聖教新聞』の広告担当副部長として情報収集などのウラ仕事に従事し、97年に創価学会を退職。その後は、山崎師団で、やはり情報収集活動を行なっていた北林芳典が経営する株式会社「北斗」の取締役や、自らが設立した「循環型社会研究所」の社長などに納まっていたが、98年には自民党のポスター制作や選挙時の世論調査などを請け負う株式会社「ラパラ」の顧問となった。99年

10月に成立した自公連立政権を取り結ぶ陰のメッセンジャー役を果たしたともいわれており、前出の北林の長女と竹岡の長男の結婚式（01年）には、公明党の神崎代表と自民党の野中広務幹事長が出席している。

池田が「デージン」発言をした非自民連立政権が発足した93年当時、野中は宮本宅盗聴事件を国会で取り上げ、現職検事だった神崎の事件関与を追及していた。その二人が仲良く席を並べていたのだ。

「反逆者には、この野郎、バカ野郎でいいんだ」

公益法人たる宗教法人として税法上の優遇措置まで受けている創価学会が、こうした謀略や諜報を行なってきたのはなぜか？　それは創価学会会則で「永遠の指導者」と位置づけられている、池田の指導にもとづいている。というのも池田は、日頃から「仏法は勝負」だと強調。創価学会と対立する人物や団体、自らを批判する人物や団体を「魔」とか「仏敵」と位置づけ、「魔」や「仏敵」を徹底的に攻撃して「勝利」するよう厳命を飛ばし続けてきたからだ。たとえば89年3月12日に行なわれた「埼玉指導」での池田の発言が以下である。

「『仏法は勝負』にどれほど深い意義があるのか、皆わかっていない。物事は正邪ではない。勝つか負けるかなんだ。全員が『勝つ』と強く決めていけ。勝つか負けるか。やられたらやりかえせ。世間などなんだ。（中略）なんでもいいから、言い返すんだ。こわがったり、ひるんだりしてはいけない。怒鳴っていけばいいんだ。（中略）反逆者には、この野郎、バカ野郎でいいんだ」

創価学会が現在、当面の敵としているのは91年に創価学会を破門した日蓮正宗である。創価学会は破門を断行した当時の阿部日顕法主を「天魔・日顕」と呼ぶなど、日蓮正宗を「仏敵」「魔」に措定して激しい攻撃を加えている。「仏敵」を打倒することが池田氏の厳命だからだ。そのため創価学会は、全国各地の地域組織に日蓮正宗対策を専門とする「教宣部」「日顕宗撲滅対策委員会」なる組織を立ち上げ、熾烈な攻撃を展開している。

大阪府東住吉区の創価学会組織・東住吉東本部が、東住吉区内にある日蓮正宗寺院・法住寺を攻撃するために作成した『勇気のエンジン』大作戦大綱」といったマニュアル文書が存在する。そこには、日蓮正宗寺院・僧侶に対する常軌を逸した攻撃手法が綿密に綴られている。ちなみに文書の表題の「勇気のエンジン大作戦」と「御供養泥棒、漆畑行雄、その袈裟をはぎ返せ」とのテーマは、関西代表者会議での池田発言にもとづいているという。

「目的

①極悪日顕の手先、法住寺の漆畑行雄の悪業を白日の元に晒し糾弾する。

②会員を悪の手先から守り抜き、断じて『寺に行かせない・行かない』」

このような文言から始まるマニュアルには、「活動について」と題して、次のような過激な指示が並んでいる。

「FOCUSチーム（漆畑行雄、女房、所化の悪行を暴くネタ取材班）」

「賢者の利剣チーム（ミニコミ誌・仮称『利剣』を新たに編集発行する）」

「特攻野郎Sチーム（男子部の特殊潜行活動班・別名、鉄砲玉）」

「ワイフ・キャッチャーチーム（女房を徹底糾弾する、婦人部の追っかけチーム）」

「四条金吾チーム（壮年部の特別抗議行動チーム。別名893部隊）」

「十羅刹女チーム（婦人部の電話抗議行動チーム。別名、極道の妻たち）」

「ネットワークチーム（寺周辺地域包囲対策作戦、略称、ネット）」

「パトリオットミサイルチーム（今《ママ》だに来る寺からの郵便物の回収作業班）」

「893（ヤクザ）部隊」に「極道の妻」……およそ宗教法人・宗教団体とは思えないネーミングで、日蓮正宗寺院の住職や夫人らを攻撃する活動を、「本部・支部・地区のビクトリー責任者が核となって行動する」とある。

ここには個人の信教の自由やプライバシーをはじめとする人権を擁護しようとの意識は皆無である。こうした活動を創価学会は全国的に、しかも92年当時から現在まで続けているのだ。

東住吉東本部
「勇気のエンジン」大作戦 大綱

・名称について：　（関西代表協議会スピーチより）

・活動期間：　2／4～7／22まで

・テーマ　：「御供養泥棒　漆畑行雄、その観念をはき出せ！」
（関西最高協議会スピーチより）

・目　的　：7・22までのカウントダウンの闘いとして、

①極悪日顕の手先、[redacted]寺の[redacted]の悪業を白日の元に晒し糾弾する。
②会員を悪の手先から守り抜き、断じて「寺に行かない・行かせない」

・活動について：
2／4「追放大会」参加者が「『元初の同志』グループ」として、誓いを立て、今までのビクトリー活動を発展させ、以下の活動を展開する。

①D作戦チーム　（CUTされたら取り返す。脱会者・法華講にアタックする説得チーム）
②特別個人指導班
・A班（葬儀・法要・墓・納骨の問題等に回答できるスペシャリスト。別名、メモリアルチーム）
・B班（宗門問題解説班、寺信心の色のついた人の脱色作業を行う。※廃案になった名称、ハイターチーム）
・C班（主に組織問題等で活動しなくなった人へ手をさしのべられるチーム。別名、人間復興・ルネサンスチーム）

③FOCUSチーム（[redacted]、女房、所化の悪業を暴くネタ取材班）
④賢者の利剣チーム（ミニコミ誌・仮称「利剣」を新たに編集発行する）
⑤特攻野郎Sチーム（男子部の特殊潜行活動班。別名、鉄砲玉）
⑥ワイフ・キャッチャーチーム（女房を徹底糾弾する、婦人部の追っかけチーム）
⑦四条金吾チーム（壮年部の特別抗議行動チーム。別名、893部隊）
⑧十羅刹女チーム（婦人部の電話抗議行動チーム。別名、極道の妻たち）
⑨ネットワークチーム（寺周辺地域包囲対策作戦、略称、ネット）
⑩パトリオットミサイルチーム（今だに来る寺からの郵便物の回収作業班）
⑪ナポレオングループ（前進を合言葉に、不可能を可能にする唱題会の参加者。※廃案になった名称、わら人形グループ）
⑫広布の使者チーム（聖教新聞、創価新報を内部未購読世帯に推進する）

以上、本部・支部・地区のビクトリー責任者等が核となって行動します。

◆日蓮正宗寺院を攻撃するために作成されたマニュアル

「創価班」「牙城会」「金城会」の秘められた役割

矢野絢也元公明党委員長は09年に出版した『黒い手帖　創価学会「日本占領計画」の全記録』（講談社）の中で、執拗な尾行や盗聴に晒《さら》されてきたことを明かしている。そうした諜報活動や謀略活動には、「広宣部」という特殊組織や、かつての「山崎師団」のようなウラ部隊が暗躍している。

「広宣部」とは、創価学会男子部の中にある行事警備を担当する「創価班」の中に設けられた特殊組織で、当初は

創価学会と対立する顕正会（注：日蓮正宗から分派した在家教団）の実態掌握のために、

1、構成員宅の郵便物などの抜き取り
2、構成員の盗撮
3、交友関係の調査
4、構成員への尾行
5、怪文書による攻撃
6、構成員の出したゴミなどを持ち帰り、その中から情報を収集

といった活動に従事していたという。

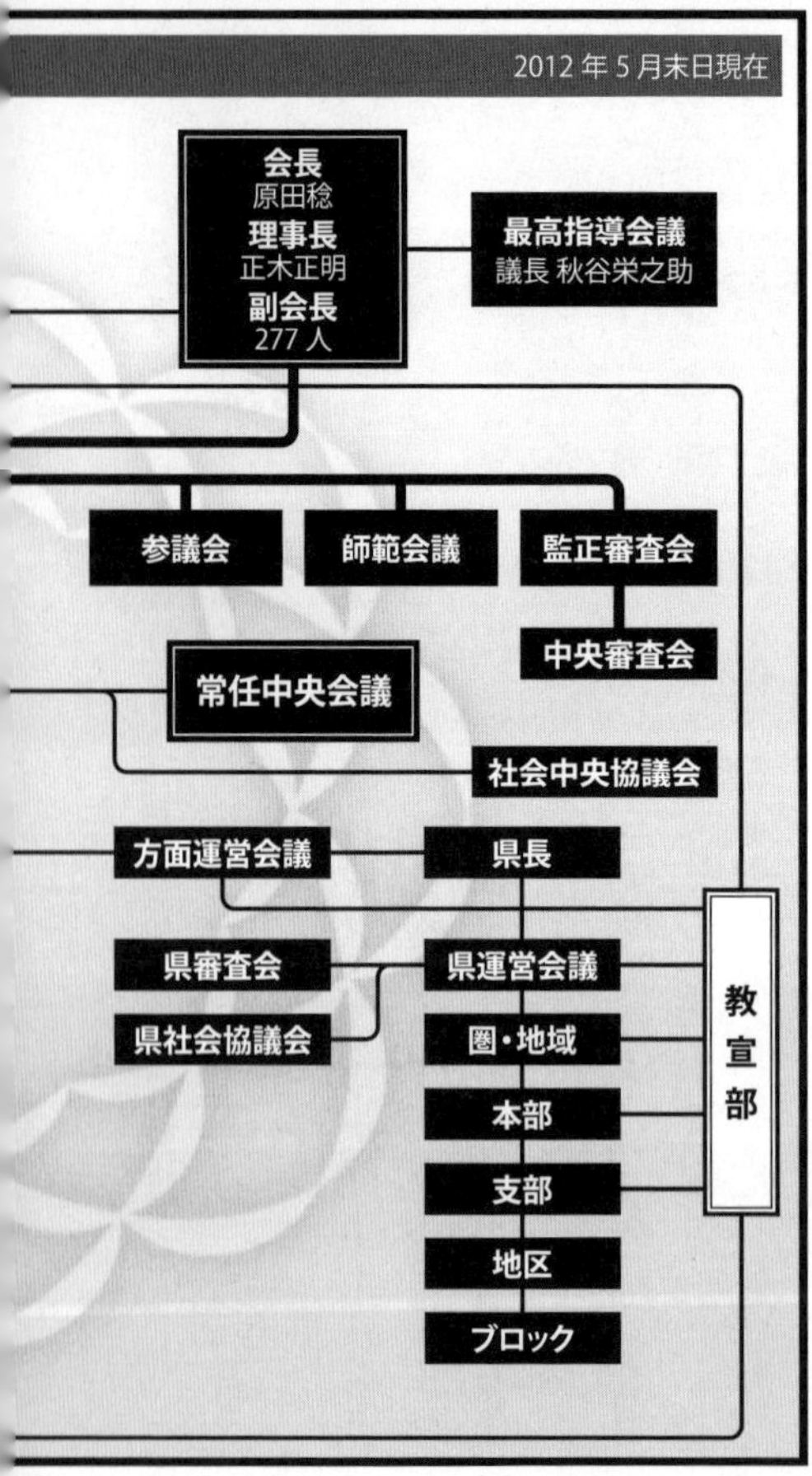

その後、「広宣部」の対象は、顕正会から創価学会に批判的な人物・団体へと広がっているという。創価学会は表向き「広宣部」の存在を認めていない。しかし創価学会の内部資料には「広宣部」の存在が明記されていて、公然の秘密とでもいうべき存在となっている。

このような組織としては他に、池田の身辺を警護する「**第一警備**」と連携して動く「**金城会**」という組織もある。

「金城会」は男子部の幹部の中から、池田への忠誠心が篤く、自営業などを営み、比較的自由に時間が取れる人物らが選抜された組織。池田が地方に出張する際には、「一警」や「**創価班**」、施設警備の「**牙城会**」などと連動して、密かに池田の警備にもあたる。「金城会」は池田が出張する地域の「仏敵」の情報収集や活動の阻止などの謀略活動にも従事している。

池田はかつて、宮本宅盗聴事件をはじめ各種の謀略行為を実行した山崎に対して、「四面楚歌　君がおわせば　王の道」との和歌を贈り、池田を守るために謀略を重ねる山崎を賞讃した。

同じように、東京国税局が90年、91年に創価学会に対する税務調査を実施した際、矢野元委員長は、池田の意向を受けたという秋谷栄之助会長（当時）の指示で、国税庁の創価学会に対する税務調査に竹下登元首相や公明党の政治力を駆使して圧力をかけ、池田の私的財産と創価学会会計の公私混同問題

創価学会の組織図

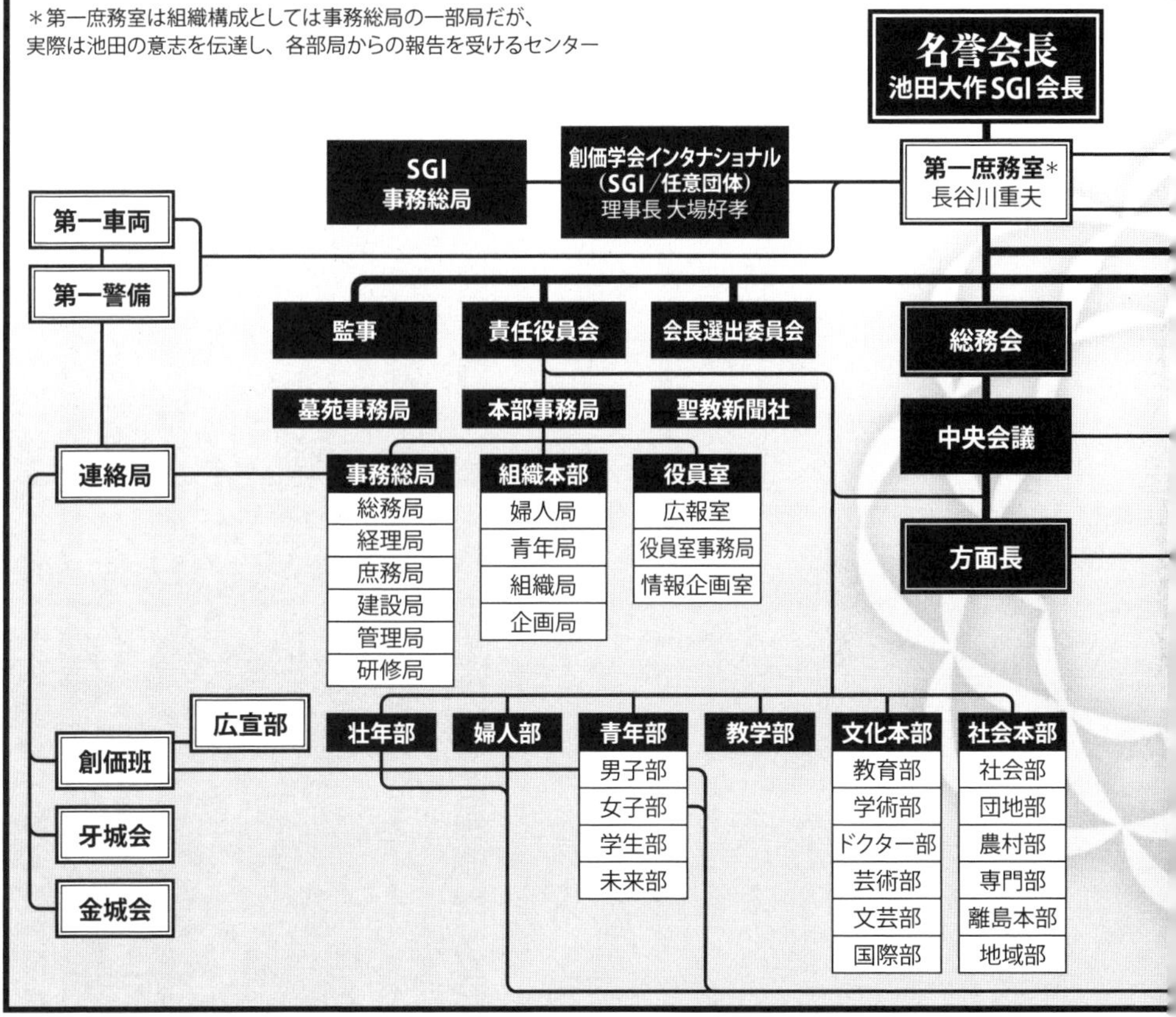

＊第一庶務室は組織構成としては事務総局の一部局だが、
実際は池田の意志を伝達し、各部局からの報告を受けるセンター

などに踏み込むことを妨害した。これに対して池田は、92年5月、矢野に国税対策の御礼として特別に作らせたという桐箱入りの香合を送っている（矢野絢也『乱脈経理』講談社）。

池田の承認と賞讃があるからこそ、言論出版妨害事件に盗聴事件、スキャンダル潰しの暴力団利用、税務調査妨害に名誉毀損事件と、創価学会の各種幹部は、違法行為、不法行為、人権侵害行為をくり返してきたといっても過言ではない。そして池田と創価学会を守るための営為はいまも続いている。

純粋に信仰を求めて入信・入会した善男善女を、宗教の名の下に違法行為、不法行為に駆り立ててきた池田の罪はあまりにも重い。その池田は、10年5月以来、大衆の前にまったく姿を見せず、健康状態の悪化によるXデーがささやかれて久しい。

まさに「一将功成りて万骨枯る」組織である。

（文中敬称略）

●反創価学会勢力潰しの「世論工作」と公明党の隠微な関係!

告発スクープ 謎の調査会社JTCに流れた公明党の〝政党交付金〟

高橋篤史 ジャーナリスト

反創価学会勢力を叩く正体不明の出版活動——その関連会社に、公明党が多額の調査・研究費を投じ続けている。このような支出は公党に相応しいものなのか?

公党が7500万円の資金を投じた謎の会社

公明党が調査・研究費を毎年支出し続けている謎の調査会社がある。東京都新宿区の「JTC」なる会社がそれだ。ただ、政治資金収支報告書から分かるのはそれくらいで、インターネット上にホームページは見当たらず、「104」に訊いても電話番号が分からない。支出が始まったのは2006年7月28日。多い年には総額7463万円余りにも上る。それまで数百万円程度だった公明党の調査・研究費はJTCとの取引開始で激増した。

JTCとはいかなる会社なのか——。法人登記によると、資本金300万円で設立されたのは06年5月9日。取締役は代表の井原武人氏のみ。目的欄には「各種マーケティング業務」や「世論調査の請負」などが並ぶ。事務所が入るのは、信濃町から徒歩数分、戸田記念国際会館裏手の低層ビルだ。

取材を進めると、井原氏の意外な経歴が浮かび上がってきた。反創価学会勢力を攻撃する出版活動を長年行なってきた人物なのである。手がかりは古い裁判記録の中に残されていた。

1997年に提訴された東村山騒動を巡る民事訴訟において井原氏の名前は登場する。95年9月、創価学会に批判的な東京都東村山市の女性市議がビルから転落死、それを契機に世間の耳目を集めた騒動である。捜査当局は自殺と断定したが、女性市議の支援者らが他殺説を声高に唱え、それに対し『潮』など学会系の雑誌が批判の矢を放った。両者の激しいぶつかり合いは今なお続いている。

件《くだん》の民事訴訟によると、井原氏は転落死の1週間後、「潮特派記者・江原芳美」の名刺を持ち、現地取材に現れていた。その後、井原氏は別のペンネームである「山本芳実」を使い、『潮』95年11月号に「世間欺く『東村山市議自殺事件』の空騒ぎ」とのタイトルで女性市議派を叩く記事を執筆している。

◆新宿区大京町にある JTC の入るビル

じつは井原氏の創価学会擁護の言論活動はそんな程度ではない。東京・西新宿の雑居ビル6階に「エバラオフィス」なる出版社がある。設立は94年7月。代表取締役は井原氏。ほかに妻と思しき女性が取締役となっている。同社はこれまで少なくとも10冊の書籍を世に送り出した。ただし、出版コードは持たず、流通は中取次会社「星雲社」のルートを利用してきた。実態は編集プロダクションに近い。

第一弾の『法主ファミリーの大悪行　宗門の私物化をこれ以上許すな!』に始まり、刊行書籍には毒々しいタイトルが並ぶ。攻撃対象は日蓮正宗や創価学会に批判的な週刊誌・ライター、それに学会で過去数々の裏工作に携わり

JTC に対する公明党の調査・研究費支出額

時期	調査・研究費全体	うち JTC に対する支出額（支出回数）	うち政党交付金充当額（充当回数）
2006 年	1534 万 0861 円	992 万 2500 円（11 回）	283 万 5000 円（2 回）
2007 年	8070 万 9134 円	7463 万 5312 円（42 回）	なし
2008 年	7120 万 6657 円	3012 万 4500 円（21 回）	1130 万 8500 円（5 回）
2009 年	9253 万 8920 円	5363 万 4000 円（32 回）	2301 万 6000 円（5 回）
2010 年	8082 万 3480 円	5016 万 1650 円（27 回）	なし

＊政治資金収支報告書・政党交付金使途等報告書から集計、筆者の数字確認に対して公明党は 06 年の支出額を 999 万円としている

脱会後は批判勢力の急先鋒となった山崎正友・元弁護士（故人）など。著者は日蓮正宗からの離脱僧侶やその団体など。マンガの原作を含め最多の5冊を出す「佐倉敏明」なる著者は奥付を見ても略歴が載っていないが、学会周辺の出版事情に詳しい関係者によれば、井原氏の別の筆名だという。

江原名で88年に出された書籍によると、井原氏は１９４５年生まれで北海道留萌《るもい》市の出身。前出の関係者によれば、上京後は女性誌のライターやグラビア雑誌の編集などに携わったようだ。「日顕法主のスキャンダルか何かを女性誌に書いたら売れたようで、創価学会はカネになると思い、独立したらしい」という。

エバラオフィスの出版方針は明らかに偏向しているが、表向き創価学会との関係は見えない。水面下でつながっているかどうかも不明だ。同社の書籍刊行は05年12月を最後に途絶えた。ほどなくして井原氏はＪＴＣに軸足を移したことになる。そして、学会が支持母体の公明党とすぐに取引が始まった。出版活動停止状態だったエバラオフィスは11年8月にドメインを取得してサイトを開設、これまでの刊行物を無料公開する大盤振る舞いだ。

正体不明の出版活動

筆名を使い分ける井原氏はその正体を隠そうとしているのか、それとも何か攪乱を狙っているのか。反創価学会勢力を叩く正体不明の出版活動はエバラオフィスに限らない。90年代後半には「ユニコン企画」なる出版社が現れ、少なくとも2冊の〝反・反学会本〟を出して、いずこにか消えていった。

似たようなケースで有名なのが「未来書房」だ。02年12月、東京都立川市内の公団団地に本店登記された未来書房が「稲山三夫」なる著者による『拉致被害者と日本人妻を返せ　北朝鮮問題と日本共産党の罪』というタイトルの本を出した。著者、出版社とも無名ながら本は飛ぶように売れ始め、電車の中吊り広告まで大々的に展開された。共産党は「反共謀略本」と反発、『しんぶん赤旗』による追及キャンペーンで反撃に出た。

当時の赤旗報道によると、取次大手の社内文書「創価学会関連ニュース」の中で、焦点の『拉致被害者――』は取り組み強化商品として紹介されていたという。同時進行させた民事訴訟では著者の本名が柳原滋雄氏であることを突き止め、同氏が過去、学会批判勢力を攻撃する執筆活動を行なっていたことも明らかにした。柳原氏は社会民主党の機関紙『社会新報』の元記者で、96年12月の退社後は外国人の人権問題などに関する記事を雑誌に実名で寄稿していた。そのかたわら、98年頃から「中田光彦」なる筆名を使い、『潮』な

複数の名前を使い分ける学会系ライター（敬称略）　＊出所は主に国立国会図書館データ

本名	ペンネーム	書籍・記事の題名（太字が書籍）
井原武人	江原芳美	**商品名にこだわらないでモノが売れるか！**（加藤久明と共著、エムジー、88年10月）
	山本芳実	世間欺く「東村山市議自殺事件」の空騒ぎ（『潮』95年11月）
		「東村山市議転落死事件」地裁で棄却された“他殺説”の謀略（『潮』02年6月）
	佐倉敏明	**創価学会報道にみる週刊文春のウソと捏造 これは犯罪だ！**（エバラオフィス、95年3月）
		創価学会報道にみる週刊誌のウソと捏造 これは犯罪だ！（エバラオフィス、96年3月）
		誑し屋 山崎正友の虚言商法（第三文明社、98年2月）
		女狂いのペテン師・山崎正友の正体 大分地裁が断罪！（第三文明社、98年7月）
		冤罪報道「言論の暴力」と闘った―市民の記録（第三文明社、98年9月）
		ガセネタ屋 乙骨正生の例にみるウソ・デマ記事の書き方講座（エバラオフィス、99年10月）
		ガセネタ屋 乙骨正生の正体（鳳書院、02年12月）
		デマはこうしてつくられた。東村山女性市議「自殺」を「他殺」と騒いだ人々（鳳書院、03年2月）
		ガセネタ屋 乙骨正生の正体―増補改訂版（鳳書院、06年4月）
柳原滋雄	中田光彦	“狂言訴訟”の信平夫婦借金踏み倒しで断罪（『潮』98年4月）
		ペテン師・山崎正友が使い捨てたカネと女（『潮』98年5月）
		日顕法主が企てる正本堂破壊の狂乱（『潮』98年6月）
		原告女性への尋問に震えた山崎正友（『潮』98年7月）
		全面敗訴で剥がされた山崎正友の“化けの皮”（『潮』98年8月）
		マザー・テレサを“悪魔”と呼んだ「日顕宗」の非常識（『潮』98年9月）
		裁判を食いものにする「信平」の正体（『潮』98年11月）
		追いつめられた山崎正友の“やぶへび裁判”（『潮』99年3月）
		恐喝男・山崎正友が自ら招いた悪業の報い（『潮』99年7月）
		大御本尊否定で追い込まれた日顕法主（『潮』99年10月）
		元恐喝男に「支配」される白川代議士（『潮』99年12月）
		正本堂を破壊した法主・日顕に信徒が怒りの告訴（『潮』00年3月）
		裁かれたウソ―「東村山デマ事件」に断罪（『潮』00年9月）
		山崎正友氏、“不倫慰謝料”裁判で敗訴！（『潮』02年1月）
		サイコパスの犯罪 元弁護士山崎正友の心の闇（潮出版社、02年5月）
		かつての共犯者が激白！元恐喝犯山崎正友の三十数億円手形詐欺（『潮』02年7月）
		知られざる人格異常―元恐喝犯・山崎正友の犯罪（1）～（8）（『潮』02年8月～03年3月）
		サイコパスのすべて 山崎正友の「補食人生」（潮出版社、02年11月）
		創価学会報道をめぐる週刊誌メディアの“虚構性”（『潮』04年10月）
		検証シリーズ戦後史における「創価学会報道」の謀略性（1）～（11）（『潮』04年11月～05年11月）
	稲山三夫	**拉致被害者と日本人妻を返せ 北朝鮮問題と日本共産党の罪**（未来書房、02年12月）

どで学会擁護の記事を多数執筆していたのである。

前出の関係者によると、『拉致被害者――』の原稿を未来書房の海野安雄社長のもとに持ち込んだのは、ある出版ブローカーだった。自民党による3000部の買付証明書を携え、『潮』の常連ライターと経理担当者も伴っていたという。ライター上がりの海野社長は、知り合いから出版コードを持つ休眠会社を譲り受けたばかりで、この企画に飛びついた。急ごしらえの編集チームが立ち上がり、彼らが「アカ本」と呼んだ『拉致被害者――』は最終的に3万～4万部ほど売れた。書店にはどこからともなくまとめ買いの注文が相次いだという。

じつはブローカーは2年前にも同じような企画を仕掛けていた。右翼系の「雷韻出版」に企画を持ち込み、共産党叩きの本を出していたのだ。この時も背後では自民党や創価学会の動きが取り沙汰されていた。当時は自公連立政権発足から間もない頃で、共産党に野党票が集まっていた時期だった。

政党交付金が世論工作の資金源に？

かつての言論出版妨害事件に代表されるように、創価学会とメディアとの関係は因縁深い。学会自身は潮出版社など自前メディアの育成を図ってきたが、一方で正体が定かでない不可解な出版活動が周辺では時々見られる。元本部職員の北林芳典氏のように堂々と実名で〝反・反学会〟の出版活動を行なう例もあるが、それはレアケースだ。

北林氏はかつて山崎元弁護士率いる「山崎師団」のメンバーで、立正佼成会の実質傘下にあった社団法人日本宗教放送協会に身分を秘匿して潜り込み、反創価学会勢力の情報を集めるなど諜報活動に従事していた。80年代以降は学会員向けの葬儀会社「報恩社」を設立して実業家に転身、かたわらで「平安出版」を興すなど出版活動も熱心に行なっている。かつてのボス・山崎元弁護士も攻撃対象だ。

じつは今回の取材では妙なことが起きた。日蓮正宗系のミニコミ誌編集室に井原氏を中傷する怪文書が唐突に寄せられたのだ。

公称827万世帯の創価学会員を受け皿に〝反・反学会本〟の一大需要があるのは間違いなく、そこに実名、筆名が折り重なった複雑怪異なウラ出版人脈が棲息している。その手法は出版活動としてフェアとはいえないが、彼らの間では利権争いまで起きているのかもしれない。

事務所を訪ねるなど井原氏に取材を試みたが、連絡はとれなかった。個人の携帯電話番号を入手し、かけてみたものの、こちらが「井原さんですか？」と何度も尋ねると、「何言ってんだ！」と言われ、一方的に切れた。

果たして、JTCへの多額の支出は公党に相応しいものなのか。支出にあたっては政党交付金も充当されてきたのだ。公明党にファクスで質問を送ったところ、返ってきたのは「（JTC選定の経緯委託内容などについては）差し控えたい。（多額の支出などについても）問題はない」とのそっけない回答だけだった。

（その１５）

（3）政治活動費の内訳		項目別区分	調査研究費	（調査研究費）	
支出の目的	金額	年月日	支出を受けた者の氏名（又は名称）	支出を受けた者の住所（又は所在地）	備考
調査・研究費	252000	2010/05/31	(社) 内外情勢調査会	東京都中央区銀座[redacted]	
調査研究資料代	62756	2010/06/24	丸の内新聞事業協同組合	東京都千代田区内幸町[redacted]	
調査・研究費	94290	2010/06/29	㈳共同通信社	東京都港区東新橋[redacted]	
調査・研究費	91350	2010/06/29	ICC㈱	東京都台東区浅草橋[redacted]	
調査・研究費	630000	2010/06/29	㈱JTC	東京都新宿区大京町[redacted]	
調査・研究費	3150000	2010/06/29	㈱JTC	東京都新宿区大京町[redacted]	
調査研究資料代	252000	2010/06/29	㈱時事通信社	東京都中央区銀座[redacted]	
調査研究資料代	1580730	2010/06/29	博文堂書店　本店	東京都新宿区信濃町[redacted]	
調査・研究費	87863	2010/06/29	富士通リース㈱	東京都千代田区神田練塀町[redacted]	
調査研究資料代	62756	2010/07/23	丸の内新聞事業協同組合	東京都千代田区内幸町[redacted]	
調査研究資料代	52500	2010/07/28	㈱朝日新聞社	東京都中央区築地[redacted]	
調査・研究費	94290	2010/07/29	㈳共同通信社	東京都港区東新橋[redacted]	
調査・研究費	91350	2010/07/29	ICC㈱	東京都台東区浅草橋[redacted]	
調査・研究費	630000	2010/07/29	㈱JTC	東京都新宿区大京町[redacted]	
調査・研究費	6090000	2010/07/29	㈱JTC	東京都新宿区大京町[redacted]	
この頁の小計	13221885				
その他の支出					
合計					

【232】

注．「その他の支出」と「合計」の欄は、右上の項目別区分の（　）の中の項目ごとに、最後の頁に記載して下さい。

◆公明党の政治資金収支報告に記載されたJTCへの支出

PART 2

支配されたメディアと知識人

●選挙の広告塔が密かに増殖中！

創価学会の芸能界占領計画

AKB総選挙でも学会票!? 芸能人の実名総まくり！

池田大作が「芸術部が1人いれば100人の力に匹敵する」と話したように、〝芸術部員〟はまさに公明党の人寄せパンダ。浮動票を集めるための広告塔なのだ。

常田裕 フリーライター

AKB総選挙で学会票疑惑!?

「創価学会と芸能人」と聞けば、即座に何人かの有名タレントの顔が思い浮かぶはずだ。公明党から議員となった女優の**沢たまき**（故人）や元宝塚歌劇団の**松あきら**、国政選挙のたびに公明党の応援演説に立ち続けてきた**山本リンダ**や**岸本加世子**、そして**久本雅美**に**柴田理恵**、**高橋ジョージ**――。

だが、学会員であることを堂々と公言している芸能人はほんの一部にしか過ぎない。学会との関係を噂される芸能人は他にもまだまだ存在しているのだ。

たとえば今をときめくアイドルグループＡＫＢ48の中心メンバーの一人である〝たかみな〟こと高橋みなみだ。ＡＫＢ48といえば、現在の芸能界で最も注目を集める存在だが、その高橋と創価学会の関係が噂になったのは、2012年ＡＫＢ総選挙の直前のこと。それまで高橋と学会の関係は噂にのぼったことすらなかった。

きっかけは高橋が所属するユニット「ノースリーブス」のオフィシャルブログにアップされた1枚の写真。この日は、福岡で行なわれた握手会の近況報告と何枚かの写真の後に、「ＰＳ 最近のにゃーちゃんは　もっぱら新聞紙が好きらしぃ♥♥　かーわぃ♥♥」という一文とともに、床に置かれた新聞の上に座り込む愛猫の写真が掲載されていた。パッと見ただけでは取り立ててどうということのない、よくあるアイドル・ブログである。

だが、実はこの写真にはある〝メッセージ〟が隠されていたというのだ。

ポイントは愛猫が乗っている新聞。一般の人には何の変哲もない新聞に見える。だが注意深く見ると、猫が乗っている新聞の右上には学会員にとっては見慣れた『聖教新聞』のブルーのロゴが映りこんでいたのだ。

「『聖教新聞』を購読しているということは、たかみなも学会員だったのか!」

「いや、たかみなは今は一人暮らしだから、この写真は猫がいる実家で撮られたものかもしれない」

「実家ということは母親が信者の可能性は高いし、たかみなは今年はじめまで実家に住んでいた。ということは娘だって……」

◆2012年のAKB総選挙前、突如学会員疑惑が浮上した高橋みなみ。発端は公式ブログの愛猫の写真。猫が座る新聞がなんと『聖教新聞』だったのだ。高橋は直近の総選挙で、昨年の7位から6位に浮上している（時事）

この写真をめぐって、AKBファンの間ではちょっとした論争が巻き起こった。

「この写真は本人、もしくは周囲の誰かが、高橋さんと学会の関係性を『分かる人にだけ分かる』ような形で示したのでは。もちろんこれだけで、すぐ高橋さんが学会員だと断定することはできません。親が信者でも子供がそうだとは限らないし、付き合いで新聞を購読するのもよくあることです。ただ、身近に『聖教新聞』があるということは事実で、学会員にとってはどんな形にせよ〝関係がある〟と伝わるだけで充分なんです」

こう話すのは、かつて創価学会本部の最重要セクション「組織センター」に所属し、学会の芸能人を掌握する「芸術部」の書記長や文化本部副書記長を歴任した元学会幹部の古谷博氏だ。

確かに、この1枚の写真を見た学会員たちの受け止め方は想像にかたくない。

「そうか、あの高橋みなみちゃんも、私たちの仲間だったんだ！」

　そしてこう考えても不思議ではない。

「じゃあ、頑張って応援しなくちゃ。CDを買って投票しよう。そうだ、友達にも呼びかけてあげよう」

　問題の写真は総選挙が終わった時点でもそのままブログに掲載されている。高橋やAKB48の運営側も「学会員説」が話題になっていることは充分に把握しているはずで、もし何の関係もなく、写真が単なる偶然やケアレスミスだったとすれば、誤解を避けるためにも写真を削除するのが普通の対応だ。

　高橋が正式な学会員なのか、学会に協力的なシンパを指す「会友・学友」レベルなのかは分からない。ただ、AKB48の総選挙直前という時期に、あえて学会との関係性を示唆する写真を公開した〝意図〟を感じないわけにはいかないだろう。

「総選挙といっても単なるグループ内の人気投票でしかありませんが、メンバー当人たちにとっては自分の人気が数字によって順位付けされる死活問題。それは上位の人気メンバーたちにとっても変わりません。総勢237名の候補メンバーたちが本物の選挙活動よろしく、それぞれのやり方でアピールを続けていた時期だけに、たかみなの写真が学会員に向けた自分への投票を呼びかけるメッセージだったとしても不思議はありません」（ベテランのアイドルライター）

「創価学会と選挙」が話題になるのは、政治の世界に限った話ではないようである。

学会系芸能人総まくり

　もっとも、今をときめくAKB48のメンバーが創価学会となんらかの関係があったとしても、それほど驚くことではない。

　有名人を広告塔として利用する宗教団体は数多いが、そのなかでも創価学会は芸能人信者の数では抜きん出て多く、これまでマスコミ報道などで「学会系」と伝えられた名前だけでも100人近くに達している。その一部をざっと挙げてみよう。

　まずは公明党から議員となった**沢たまき**（故人）と**但馬久美**。さらに「芸術部四天王」と呼ばれる古参信者が**山本リンダ**、**雪村いづみ**、**岸本加世子**、**研ナオコ**。雪村の娘・**朝比奈マリア**も学会員だ。

　故人では**村田英雄**や**三船敏郎**といった大物も入会しており、三船の娘でタレントの**三船美佳**とその夫でロックバンド・虎舞竜の**高橋ジョージ**の夫婦は言うまでもない。

　女優では**泉ピン子**をはじめ、日活ロマンポルノの**白川和子**や、最近になって信仰を告白した**原日出子**、**島田歌穂**、

田中美奈子、**墨田ユキ**、**中島唱子**、**千堂あきほ**、**中島朋子**、**天地真理**。男性でも俳優の**遠藤憲一**、**段田安則**、**田中健**、歌舞伎役者の**市川右近**、落語家の**林家こん平**、弟子の女性落語家・**林家まる子**の名前が挙がる。

　音楽業界への浸透もかなりのもので、歌謡界では歌手の**細川たかし**や**内山田洋**、元クール・ファイブの**宮本悦朗**、元Ｗｉｎｋの**相田翔子**と**鈴木早智子**。

◆久本雅美の広告塔としての価値ははかり知れない（共同）

演歌界のプリンス・**氷川きよし**も有名だろう。

　ミュージシャンでも**上田正樹**、**ＢＯＲＯ**、元ＴＭネットワークの**宇都宮隆**と**木根尚登**や、元サザンオールスターズのギタリスト・**大森隆志**、ハウンドドッグの**八島順一**や**橋本章司**といったメジャーバンドのメンバーから、元19の**岡平健治**、Ｄｅｆ　Ｔｅｃｈの**Ｍｉｃｒｏ**、女性シンガーの**ＡＩ**や**クリスタル ケイ**といった若者に人気の名前が並ぶ。

「他にもシンガーの**小野正利**やラテンバンド、ディアマンテスの**アルベルト城間**、無名ですがアンパンマンの主題歌を歌う双子のデュオ・グループ・**ドリーミング**も学会員ですよ」（レコード会社関係者）

　そして近年、特に勢いが目立つのがお笑いタレントたちだ。もともとザ・ドリフターズの**仲本工事**やコント55号の**坂上二郎**、**桜金造**といった学会員がいるが、ここ十数年間のお笑い・バラエティ番組のブームもあって、その数は飛躍的に増加している。

　なかでも**久本雅美**の存在感は学会内部では抜きん出ており、「学会のイメージを変えた」と言われるほど。久本は90年前後には連続して好感度タレントナンバーワンの座に君臨する人気を誇ったが、それも「熱心に信心したおかげ」と公言している。

その久本の姿を見て87年に入会したのが劇団『WAHAHA本舗』の同僚・**柴田理恵**。久本は柴田を皮切りに劇団の若手のメンバーを次々に勧誘(折伏)。見かねた劇団主催者が「勧誘禁止令」を出したことで収まったというが、勧誘の矛先は外に向かい、**青木さやか**や**山田花子**といった後輩の女芸人を折伏。さらに勧誘の手はあのジャニーズのトップスターたちにも及んだという。

「フジテレビの『笑っていいとも』で共演したSMAPのリーダー・**中居正広**の折伏に成功し、そのツテでさらに**草彅剛**も勧誘したといわれています。当時、番組が収録されていたスタジオアルタの楽屋には『宗教の勧誘禁止』の張り紙が出たなんて話もありますが、そのぐらい久本の勧誘は凄まじかった(笑)。中居も草彅も何度か勤行《ごんぎょう》をしたというレベルで現在の信仰具合は分かりませんが、少なくとも学会内では今でも仲間として見られていますよ」(創価学会関係者)

他にもまだまだいる。05年の東京都議選でイメージキャラクターに選ばれた振付師・タレントの**パパイヤ鈴木**は生まれた年に入会している福子。公明党の応援イベントにピンで参加してネタを披露していたのが中川家の**礼二**。池田大作の口ぐせ「間違いない!」を真似てブレイクしたといわれる**長井秀和**、グルメレポーターとして活躍中の**彦摩呂**、モノマネタレントの**前田健**、**原口あきまさ**、「ドドスコスコスコ♪ラブ注入♡」で一発当てた**楽しんご**や、「信心で『整いました!』」と『聖教新聞』で紹介されたWコロンの**ねづっち**らも学会員とされている。

さらに「ヤホー漫才」でブレイクしたお笑いコンビ・ナイツの2人は、ボケの**塙宣之**が練馬区男子本部長、ツッコミの**土屋伸之**も中野区男子部部長を務めるなど熱心に活動をしており、動画サイトでは得意の笑いをまぶしながら公明党や創価学会を絶賛する掛け合いを見ることができる。塙の実兄で、ベース漫談で人気となったピン芸人の**はなわ**も学会員。また、ナイツと同じく創価大学の落語研究会出身者にはエレキコミックの**やついいちろう**、**今立進**などがいる。

「お笑い界の大物では、あのダウンタウンの二人も関係がある。松本や浜田自身は信仰とは距離を取っているようですが、松本人志の母親は現在も熱心に活動していて、以前は地元、尼崎市の学会の会館で『信仰のおかげで貧乏から脱出し、息子も成功した』という講演まで行なっている。また相方の浜田雅功の妻・**小川菜摘**も会員といわれています」(週刊誌芸能記者)

ここにきて若い世代の会員の名前も目立ってきた。俳優の**松山ケンイチ**や**加藤ローサ**、グラビアアイドルの**松井絵里奈**の名前が挙がっているが、特に05年度のNHK大河ドラマ『義経』に起用された**上戸彩**、**滝沢秀明**、**石原さとみ**の3人に関しては、あの池田大作が本部の幹部会で「創価学会のファミリーです。みなで『義経』を見て応援しよう」と語ったと報じられている。「特に石原さとみは両親が学会幹部で、池田大作が名付け親になったともいわれるほど。創価高校、大学の両方を卒業したはじめての有名タレントでもあり、今後は〝学会のマドンナ〟として機能するのでは」（週刊誌記者）

学会の芸能人脈は国内だけに留まらない。香港SGI所属の2世会員といわれるアジアのスター、**チョウ・ユンファ**や、映画『ロード・オブ・ザ・リング』で世界的スターとなった**オーランド・ブルーム**、**ショーン・アスティン**も学会ファミリーだ。ブルームは04年にSGI仏教センターで入会しており、わざわざ来日してSGI会長の池田大作と対面したことも。また**アンジェリーナ・ジョリー**が主演し、ブラッド・ピットがプロデューサーを務めて07年に公開された映画『マイティ・ハート〜愛と絆〜』は、アンジー演じる主人公が熱心な学会員という「学会系映画」だったこともある。

「音楽界でも、**スティービー・ワンダー**、**ティナ・ターナー**、**ハービー・ハンコック**といった錚々《そうそう》たる大物ミュージシャンがSGIメンバーです」（音楽雑誌編集者）

◆大河ドラマ『義経』の主役タッキーと石原さとみには池田先生もエールを贈ったとか（時事）

もちろん、ひとくちに学会系といっても、一般信者と同様、その信仰や活動には濃淡がある。信仰を公言して選挙応援や布教活動を熱心に行なうバリバリの信者から、あくまで公表を拒むケース、単なる友人や人間関係の付き合いという「会友」レベルの者までさまざまだ。

学会の鼓笛隊出身という筋金入りのエリート会員だった**原日出子**は06年に信仰を公言するまで、名前すら挙がったことがなかったほど。葬儀で御本尊をマスコミから隠した**井沢八郎**のように、最後まで信仰を公表しなかった例も少なくない。

また以前は熱心な信者だったものの、現在は学会と距離を置いているといわれる加藤茶や、平尾昌晃のように脱会しているケースも。さらに井沢の娘、工藤夕貴や、自伝本で過去の信仰を告白した杉田かおるのように、学会を破門した日蓮正宗・大石寺に帰依《きえ》し、現在は法華講員として活動している例もある。ただ、いずれにせよこれだけ多くの芸能人を抱える新興宗教は他には見当たらない。

創価学会芸術部は最強のF票獲得機関

創価学会はこうした芸能人信者を統括するため「**芸術部**」というセクションを作って組織化し、学会の広告塔として利用してきた。

「創価学会が拡大戦略の看板にしているのが『平和』『文化』『教育』の3つです。このなかで、あらゆる分野に学会員を送り込む『総体革命《そうたいかくめい》』のベースが創価大学などの教育だとすれば、文化活動は内外に対する布教・広報の核。なかでも芸術部は広宣流布《こうせんるふ》の華と呼ばれています」（宗教ジャーナリスト）

創価学会の文化活動を管理・統括する「**文化本部**」の下には「**教育**」「**芸術**」「**学術**」「**ドクター**」「**文芸**」「**国際**」という6つの直轄セクションがある。このなかで俳優やタレント、音楽家、舞踏家、画家、彫刻家、茶道や華道、歌舞伎などの古典芸能といった、芸能・芸術の分野で活動する学会員が所属するのが「芸術部」だ。ここには演出家や振付師、スタイリストやヘアメーク、照明・音響といった裏方の技術者も含まれる。

芸術部に入るためには「入信1年以上で、プロとして活動していること」が条件とされているが、活動内容は自己申告のため、地方で民謡を教える師匠といったレベルでも入部は可能で、全国に6000～7000人の芸術部員がいるといわれている。

「設立は1962年で、発足当初は信仰を持った芸術家を育てるという目的で、芸能人というより本物の芸術家が中心でした。一期生には創作舞踏家の**和井内恭子**さんや、ピアニストの**川村深雪**さんなどがおり、せいぜい同業の人たちを勧誘する程度で、一種の職能団体でしかなかった」（前出、古谷氏）

そんな芸術部が変わり始めたのは70年代に入ってからだ。67年には**山本リンダ**母娘がアメリカで**雪村いづみ**を折伏したことが話題になるなど、芸術部の存在感が徐々に増しており、これを利用しない手はないと判断した学会上層部は、芸術部の政治利用に踏み込んでゆく。

キーワードとなったのは「F（フレンド）票」の獲得。F票取りとは、学会員が友人や知人に片っ端から電話をして、公明党候補への投票を依頼する行動のことだ。

「芸術部の有名人が地方の集会などに行って講演をするようになり、これが会員に好評だったんです。最大の理由はF票の集めやすさで、『あの人が来るから一緒に行って話を聞かない？』というように誘えるし、集会も軒並み満員でした。芸能人の威力に味を占め

た地方からは、一斉に要請が入るようになったんです」(同)

実はこの状況は、当時の学会にとっては危険な賭けだったという。地方からの要請は公明党ではなく文化本部に直接持ち込まれるようになり、これが政教分離の原則に抵触する可能性があったからだ。

「当時の組織センター本部長だった秋谷栄之助さん(第五代会長)などは、『これはまずいんじゃないか』としきりに気にしていました」(同)

ところが、恐る恐るスタートした広告塔戦略は危惧したほどに問題視はされず、対照的に選挙では絶大な効果を挙げ続けた。これによって芸能部の広告塔戦略はどんどんエスカレートしてゆくことになる。

当時の学会は、強引な勧誘・折伏の手法が社会問題化しはじめ、さらに言論出版妨害事件や共産党の宮本顕治委員長宅の盗聴事件を起こすなど、敵対する団体への先鋭的な攻撃も問題視されていた。こうした世間の学会アレルギーをかわし、教団のイメージアップを図るためにも芸能人信者の存在は有効だった。

この先頭に立って、学会の機関紙などに登場し堂々と信仰を語り始めたのが現在の芸術部部長を務める**山本リンダ**を筆頭にした**雪村いづみ**、**沢たまき**、**岸本加世子**といった古参信者たちだった。

80年代に入ると、芸術部の活動はいっそう組織化され、「F票」を取るため、最強の選挙運動機関へと成長してゆく。

「芸術部の活動は、学会のイメージアップとF票取り、学会内部の士気高揚、新しい信者の獲得、さらにタレント信者が、同じ業界のタレントたちを折伏すること。学会内部には芸能人や音楽家、画家、医師、弁護士などで組織される『転教グループ』が作られ、全国各地で布教、啓蒙活動を行なっていました」(同)

活動のほとんどは交通・宿泊費などの実費を除いて自分からの持ち出しとなり、さらに献金(財務)を求められることもあるのだが、「1票を取れば、宿業が消える」と信じる学会員たちは、嬉々として活動に励んでいたという。

96年に脱会した杉田かおるは、当時の活動を自伝『杉田』(小学館)のなかでこう告白している。

「私の青春は〝F取り〟に費やされたといっても過言ではありません」「芸能界の誰それの母親が信者だという情報が入れば、その芸能人に電話をする。劇場やテレビ局の楽屋へも訪ねてゆく。そして『あなたも一緒にやりましょうよ』と勧誘する」

そんな杉田も学会幹部からのセクハラや、池田名誉会長との会食で、彼が食べたメロンが回ってきて食べさせられたといったことが重なり脱会を決意したが、その際には「学会員が本尊を確かめに家に押しかけ、ドアをこじ開けようとした」こともあったという。

それでも学会の拡大路線に着実に貢献し続けた芸術部の政治利用は、ついには部員のタレント自身が出馬するまでになる。95年の参院選では、芸術部から**松あきら**と**但馬久美**が出馬して議席を獲得。96年の衆院選では**沢たまき**(故人)が新進党から出馬し落選するも、98年の参院選で当選するなど、選挙のたびに知名度の高いタレント候補が表に立つことも珍しくなくなっている。

2000年代に入ると、学会員であることを公表しながらメディアで引っぱりダコとなり、01年には芸術部副部長に抜擢された**久本雅美**の活躍が、学会の戦略を大きく変えたといわれている。

「お笑いを武器に高い好感度を得た久本の成功は、過激な折伏に走るより、テレビに出る芸能人を指差して『あの人も仲間だ』と囁《ささや》く宣伝効果のほうが何百倍も高いことを学会に気づかせたといえます。学会アレルギーを払拭し、イメージアップもできるサブリミナルな効果は計り知れません」(前出古谷氏)

通信環境の発達もあって、わざわざ地方の集会まで出かけていかなくても、シナノ企画で制作されたビデオや専用の衛星回線、ネットなどで全国にメッセージを発信することも可能になり、広告塔の効果は一層高まった。

この間、さまざまなケースを経験して、学会の芸能部員への対応も様変わりしている。たとえば近年は、本人が望まなければ無理なカミングアウトは強要しなくなっている。一般社会のアレルギーは減少傾向にあるとはいえ、CM契約など芸能活動に配慮した結果だ。選挙活動や応援演説も同様で、最近では、仕事のためであれば他宗教の寺への参拝なども問題ないという。

「SMAPの**中居**、**草彅**や**滝沢秀明**のジャニーズ勢に、**氷川きよし**、**上戸彩**や**石原さとみ**のようなケースですね。彼女たちの人気が上がれば上がるほど学会のイメージも上がるということです。さらにいえば、選挙が近づくたびに学会側から芸能人信者の名前がマスコミにリークされているフシすらありますからね」(芸能プロ関係者)

民音は音楽業界最大のプロモーター

それにしても、創価学会にはなぜこれほど多くの芸能人が関わりを持ち、これほど熱心に信心に励むのか。

芸能人が学会に入信する経緯や理由は一般の学会員とさほど変わりはない。親などの家族が学会員という環境で育ちそのまま入信、あるいは周囲の勧めで入信というどちらかのケースがほとんどだろう。

確かに特殊な世界にいる芸能人が宗教に傾倒する心性として「不安定な世界に生きる不安感」「華やかな世界で

自分の居場所が見つけられず、一人の人間として活動できる宗教に安心感を覚える」といった指摘がある。ただ、それだけなら他の宗教でもいいはずだ。

では、なぜ創価学会なのか。

それはズバリ、芸能人にとっての「現世利益」が他団体に比べて、はるかに期待できるからである。

「芸術部という受け入れ態勢がしっかりしているうえに、巨大な組織の動員力と資金力がある。レコードの売上げやコンサートの動員、メディアへのリクエストから、学会の集会での営業の仕事など細かい部分まで対応できる。売れなくなったお笑い芸人の**赤プル**がシナノ企画のビデオに出ているのがいい例です。現世利益としてこれほどわかりやすいものはありません。学会が『誰々のレコードを買って応援しよう』と公式に通達することはまずありませんが、集会などで幹部が巧妙に囁くだけで、口コミで広がっていきますよ」（前出、古谷氏）

機関紙で「2年続けてレコード大賞を取れたのは信仰のおかげ」と話した**細川たかし**や、まったくの無名バンドだったTHE虎舞竜の『ロード』が200万枚のヒットになった事実が学会の影響力を証明している。

そして、こうした現世利益を実行する団体が「財団法人民主音楽協会（民音）」である。

◆SMAPの中居と草彅は久本に折伏されたとのもっぱらの噂（時事）

芸術部と同時期の63年に音楽鑑賞団体として発足。現在はクラシックからポピュラー、演劇などさまざまな分野で、年間で優に1000を超えるステージを行なっている。

「日本の音楽業界では間違いなく最大のプロモーターであり、パトロンでもあります。130万人ともいわれる賛助会員がおり、どれだけ高額で大量のチケットでも扱える。商業ベースのプロモーターではとても太刀打ちできません。民音のイベントに出演できればそれだけで大きなメリットです」（同）

もちろん、ただ入信しただけでは学会や民音のサポートを受けることはできない。そのためには信心に励む必要がある。

そして、学会で信心に励むということは、勤行に励むことではなく、F票の獲得や折伏で成果を挙げることである。そうなれば機関紙で紹介してもらえるようになり、民音にも出演して一般信者に応援してもらうことができるのだ。

動員力と資金力をバックにした民音の活動は、量だけでなく質の評価も高い。**雪村いづみ**は、93年に民音のミュージカル舞台『クッキング・ガール』で芸術選奨文部大臣賞を受賞しているが、なかでも特に存在感を見せているのがクラシックの世界だ。72年にはパリ・オペラ座のバレエ団、75年には英国ロイヤル・バレエ団、80年にはウイーン国立歌劇場、81年にはミラノ・スカラ座と、海外の超一流を次々と招聘《しょうへい》。また67年からスタートした東京国際音楽コンクールや民音現代作曲音楽祭などを主催し、近年は日本の演奏家や団体の海外派遣にも力を入れている。

こうした文化活動を通じて築いた世界的な音楽家との交流や功績は、学会系の機関紙などで大々的に喧伝され、学会のイメージアップに使われる。大金を投じた文化運動は「池田大作のノーベル平和賞への布石」と指摘されることもあるが、それでも音楽業界にとっては、これ以上ないほどありがたい存在なのだ。

近年はポピュラー系のステージも手がけており、芸能界側も学会を利用しようとやっきになっているという。

「Ｂ'ｚにも信仰の噂がありますし、エイベックスの**松浦勝人**社長も学会員といわれていて、07年に西武ドームで開かれた青年部のイベントにはエイベックスのＢｏＡが来たこともあった。最近では、学会の応援を受けるために偽装入会をするお笑いタレントなんかも珍しくはない」（レコード会社社員）

学会を利用しているのはメディアも同様だ。長引く不況もあって、学会系の広告はメディアにとって無視できないほどの出稿量になっており、スポンサーである学会の意向が番組のキャスティングにも反映されやすくなっている。またメディア内部にも学会員が着実に増えており、こうした仲間からのサポートも期待できるという。

「久本がＭＣを務める番組『メレンゲの気持ち』には、**モンキッキー**や**原口あきまさ**、**相田翔子**といった学会系のタレントがブッキングされることで知られており、プロデューサーも学会員ではないかと言われています」（日本テレビ関係者）

芸能人やメディア関係者にも信教の自由が保証されていることは改めて言うまでもない。だが、池田大作が「芸術部が１人いれば１００人の力に匹敵する」と話しているように、芸術部員はまさに公明党の人寄せパンダ、浮動票を集めるための広告塔となっており、今や国政にすら影響を及ぼす存在になっている。

学会系芸能人の言動は、決してエンタテインメントの世界だけに限った話題ではないのだ。

『公明新聞』だけでも年間7億2800万円！

『聖教新聞』の印刷利権に牛耳られ、池田大作の“提灯記事”を載せる朝日・読売・毎日

新聞界の学会依存が止まらない。
『聖教新聞』から賞を貰って歓喜する新聞社も出てくる始末。
世も末か!?

黒薮哲哉｜ジャーナリスト

毎日新聞社に最高栄誉賞が

今年の2月10日、『毎日新聞』の朝刊に読者の好奇心を刺激するある記事が掲載された。タイトルは「朝比奈本社社長　聖教最高栄誉賞」。短いベタ記事で、ブラックユーモアを誘うが、現代のメディアを憂慮している者は、記事を読みながら絶望感に打ちのめされたに違いない。

記事によると、『毎日新聞』の印刷会社である（株）高速オフセットが「聖教新聞の印刷を受託して50周年を迎えたことを記念する感謝の集い」が大阪市で開かれた。

そこへ「毎日新聞や創価学会、聖教新聞の関係者60人」が集い、「朝比奈社長に聖教最高栄誉賞、高速オフセットの奥田千代太郎社長と秋山文一相談役に聖教文化賞」を贈ったというのだ。

朝比奈社長といえば、かつて毎日新聞社の社会部を率いた辣腕記者である。その人に池田大作氏を名誉会長とする宗教団体から最高栄誉賞が贈られたのだ。

また、4月2日に開かれた公明新聞創刊50周年の集いでは、毎日新聞社の別の印刷会社・東日印刷の取違孝昭社長が、

「私ども東日印刷もこの5月に、創業60年を迎えますが、育ての親は間違いなく公明新聞と聖教新聞であると思っています」

と、挨拶した。さらに、その前日には、毎日新聞出身の政治ジャーナリスト・岩見隆夫氏（現客員編集委員）が公明新聞の第一面に登場。公明党幹事長の井上義久氏と対談し、「公明新聞だけ読んでいれば、だいたい世の中の動きが分かるようになっている」と述べている。

このような事態に毎日の関係者は当惑を隠さない。２００８年まで東京・練馬区で『毎日新

聞』の販売店を営んでいた石橋護氏が言う。

「私が現役だったころ、毎日の印刷工場で『聖教新聞』を印刷していることを知った長年の読者が、『これではジャーナリズム活動に期待できない』と言って購読を中止したことがありました。販売局の担当員から電話で説得してもらいましたが駄目でした。新聞社が宗教団体と特別な関係を持つと、やはり読者は離れていきます。いったん輪転機を止めて考えてほしかったですね」

しかし、創価学会と新聞社の情交は毎日新聞社に限ったことではない。

たとえば08年に、中国新聞社の社主がやはり聖教最高栄誉賞を受けている。07年には西日本新聞社の幹部5人が創価大最高栄誉賞を受ける。さらに01年には、四国新聞社の社主にも同賞が授与された。その他にも、創価学会から賞を貰った新聞社はあるようだ。

これらの新聞社に共通しているのは、『聖教新聞』や『公明新聞』の印刷を請け負っていることである。

『聖教新聞』は公称で550万部、『公明新聞』は80万部の発行部数を誇る。両紙を合わせると630万部。これは読売と朝日に続いて、世界ランキングの第3位にあたる。

とはいえ、これらの新聞は自社の工場で印刷されるわけではない。大半は全国に点在する新聞社系の印刷工場で輪転機にかけられる。

各社そろって提灯記事

インターネットの普及に押されて新聞産業が衰退するなか、新聞社にとって『公明新聞』や『聖教新聞』の印刷を請け負うことは、ある種の経営戦略でもある。しかし、日本新聞協会の新聞倫理綱領は、「(新聞は)あらゆる勢力からの干渉を排するとともに、利用されないよう自戒しなければならない」と述べている。それにもかかわらず、紙面で取り上げるニュースの選択基準は、必ずしも理念どおりにはなっていない。明らかに不自然な現象が観察されることがある。

たとえば1月に朝日、読売、毎日の3紙がそろって創価学会の池田大作名誉会長が脱原発の提言を発表するという告知記事を掲載した。脱原発の立場を表明している著名人は池田氏以外にもいるのに、なぜ、池田氏がクローズアップされるのか不思議だ。

原発導入を工作したとされる正力松太郎氏を大先輩と仰ぐ読売までが、「原子力発電に依存しないエネルギー政策への転換」を主張する池田氏の提言を伝えたのである。3紙の記事は、表現などが極めて似通っており、記者会見か創価学会のプレスリリースをもとに記事にしたものと推測される。

10年に池田氏が米国ボストン大学から「名誉学術称号」を受けて、学術称号の数が300に達した時も、毎日が記事にした。その際に驚くべきことに、ボストン大学の学長と談笑する池田氏のカラー写真を採用した。

こうした〝提灯記事〟は今に始まったことではない。古くは01年に毎日と読売の2社がそれぞれ個別に池田氏のインタビューを掲載したこともある。

中央紙だけでなく地方紙も、池田名誉会長のために紙面を割いている。

06年4月、『静岡新聞』は池田氏の筆による「伸びゆく生命

『公明新聞』委託費一覧

＊2010年度政治資金収支報告書をもとに作成

会社名	支出目的	金額(円)	合計
㈱道新旭川印刷	印刷代	11,798,325	11,798,325
㈱毎日新聞北海道センター	印刷代	32,894,146	48,835,245
	包装材料代	15,941,099	
札幌新聞輸送㈱	発送代	1,993,500	1,993,500
㈱道新総合印刷	印刷代	44,894,408	44,894,408
㈱東日オフセット(毎日)	印刷代	40,708,411	47,019,750
	包装材料代	6,311,339	
㈱岩手日日新聞社	印刷代	17,854,200	27,128,850
	包装材料代	9,274,650	
㈱福島民報社	印刷代	43,368,509	48,742,153
	包装材料代	5,373,644	
㈱新潟日報社	印刷代	27,676,530	27,676,530
㈱エスティ・トーニチ(毎日)	印刷代	6,048,000	6,048,000
㈱かなしんオフセット(神奈川)	印刷代	49,616,604	64,779,611
	包装材料代	15,163,007	
㈱ショセキ(北國)	印刷代	40,842,070	43,667,868
	包装材料代	2,825,798	
㈱静岡新聞社	印刷代	39,052,331	51,115,869
	包装材料代	7,853,350	
	発送代	4,210,188	
中日高速オフセット印刷㈱	印刷代	68,389,281	78,289,581
	包装材料代	9,900,300	
東日印刷㈱(毎日)	印刷代	300,299,817	511,613,689
	製作費	149,146,271	
	包装材料代	62,167,601	
㈱高速オフセット(毎日)	印刷代	59,756,286	59,756,286
㈱日刊オフセット(朝日)	印刷代	45,523,833	55,268,897
＊2011年4月、㈱朝日プリンテックに統合	包装材料代	9,745,064	
㈱神戸新聞総合印刷	印刷代	60,945,719	60,945,719
㈱山陰中央新報社	印刷代	21,202,335	21,202,335
中国印刷㈱	印刷代	27,804,074	35,809,624
	包装材料代	8,005,550	
㈱中国新聞福山制作センター	印刷代	26,369,509	32,823,869
	包装材料代	6,454,360	
㈱四国新聞社	印刷代	86,745,245	102,745,249
	包装材料代	14,714,804	
	発送代	1,285,200	
㈱西日本新聞印刷	印刷代	92,782,955	108,455,696
	包装材料代	11,262,741	
	発送代	4,410,000	
㈱長崎新聞社	印刷代	17,733,975	17,733,975
㈱南日本新聞オフセット輪転	印刷代	32,522,322	34,842,486
	包装材料代	2,320,164	
㈲南海日日新聞社	発送代	3,986,827	3,986,827
東京メディア制作㈱(読売)	印刷代	50,957,655	50,957,655
㈱共同通信社	材料代	15,984,570	15,984,570
㈱時事通信社	材料代	60,169,095	60,169,095
合計		1,674,285,662	1,674,285,662

に」という教育論を3回にわたって掲載した。心がけの大切さを説いたものであるが、ありきたりの精神論で既存の価値観を打破する斬新な要素は何もない。「池田大作」の名前がなければ、没になっていた可能性が高い。

それができない新聞編集の背景に、創価学会と公明党の影がある。機関紙の印刷を通して、委託先の新聞社に対する影響力を強めてきた事情がかいま見えるのだ。

印刷の請負そのものは、『毎日新聞』のように50年前から行なってきた社もあるが、新聞社の経営基盤が強固な時代には、少なくとも表向きは、「不偏不党」の原則が守られていた。

しかし、新聞産業の衰えとともに、今世紀に入るころを境に、水面下からもうひとつの勢力が浮上してきたのである。

『公明新聞』だけでも年間7億2000万円を支出

『公明新聞』と『聖教新聞』は、どのように新聞社に食い込んでいるのだろうか？　まず、経済的な影響力という観点から、委託印刷により新聞社へ支出する資金を検証してみよう。

前ページの表は、10年度の公明党の政治資金収支報告書をもとに作成した『公明新聞』の「委託費一覧」である。ただし、非新聞社系の企業は対象外にした。印刷、運送、制作、包装材料の提供などを請け負っている社は、28社である。新聞社と通信社の系列数は22。『公明新聞』が支出した経費の総計は、約16億7400万円である。

通信社とは具体的には、共同通信と時事通信である。これら2社が全国の地方紙と相互に依存していることは周知の事実である。

◆毎日新聞OBのジャーナリスト岩見隆夫氏は『公明新聞』の50周年記念に賛辞を贈った

最も多額の収益を得ているのは、毎日新聞社系（毎日新聞北海道センター、東日印刷、東日オフセット、高速オフセット、エスティ・トーニチ、福島民報）で、約7億2800万円である。

朝日新聞社系（日刊オフセット）は、5500万円。西日本新聞社系（西日本新聞印刷）は1億800万円である。また、5月から印刷に参入した読売系（東京メディア制作）は5100万円だ。

さらに『公明新聞』の発行とは直接かかわりはないが、共同通信と時事通信のそれぞれに、「調査・研究費」が年間約1100万円支払われている。

また「宣伝作業費」「材料代」「広告」という項目で、電通に約9400万円が支出されている。広告収入の窓口になっている電通が、メディア企業に対して極めて強い統率力を持っていることは有名だ。

一方、『聖教新聞』については、最新のデータがないが、ジャーナリストの寺澤有氏が07年に調査して『別冊宝島Ｒｅａｌ72 池田大作なき後の創価学会』で公表したものがある。それによると『聖教新聞』は、05年の時点で全国37カ所の印刷工場で印刷されている。印刷事業に関係している新聞社は24社になる。『聖教新聞』の印刷や発送などで、どの程度の資金が動いているのかは不明だが、発行部数が550万部を誇るわけだから、80万部の『公明新聞』の比ではないことは確かだ。

こんなふうに公明党と創価学会は、日本の新聞産業の土台に入り込んでいるのである。

新聞販売協会が政治献金

ちなみに公明党は、06年に公正取引委員会が新聞特殊指定（再販制度）の撤廃へ向けて動いていた時期に、党内に冬柴鐵三幹事長（当時、故人）を中心に新聞問題議員懇話会を発足させて、新聞社の援護に乗り出した。

その翌年に行なわれた参議院選挙では、新聞販売店の全国組織である日本新聞販売協会の政治連盟から、次の5人の候補が推薦を受けた。

山口なつお（東京）
松あきら（神奈川）
山本保（愛知）
白浜一良（大阪）
加藤修一（比例）

政治連盟から政治献金も受け取るようになった。

印刷を新聞社に請け負わせることで、新聞社の屋台骨を支えるだけではなく、国政レベルでも新聞社に優位な政策を目指すようになったのだ。

新聞社が聖教最高栄誉賞や創価大最高栄誉賞を受けたニュースを紙面に掲載するようになったのも、新聞業界の勢力地図が変わってきたことの反映ではないだろうか。本来、新聞社にとって宗教団体からの栄誉賞は、迷惑以外の何物でもないはずなのだが、それを拒否できない事情があるらしい。

しかし、「不偏不党」のゆらぎが報道に与える影響は、必ずしも〝提灯記事〟のかたちで現れるわけではない。それゆえに舞台裏は見えにくい。皮肉にも、創価大学の新聞研究者・故新井直之氏は、『ジャーナリズム』（東洋経済新報社）の中で、報道検証の視点について、次のように提言している。

「新聞社や放送局の性格を見て行くためには、ある事実をどのように報道しているか、を見るとともに、どのようなニュースについて伝えていないか、を見ることが重要になってくる。ジャーナリズムを批判するときに欠くことができない視点は、『どのような記事を載せているか』ではなく、『どのような記事を載せていないか』なのである」

日本全国で発行される朝刊の部数は約4500万部。それだけにメディア・コントロールの影響には並みならぬものがある。

●『潮』『第三文明』『灯台』『パンプキン』徹底リサーチ

池田教の"広告塔"に墜ちた学会シンパの知識人リスト！

田原総一朗・佐藤優・山口二郎・雨宮処凛・茂木健一郎のありえない発言

学会系月刊誌に登場する著名な知識人の言論を徹底調査！
一般人が読まないと思って、こんな発言まで……。

佐々木奎一 ジャーナリスト

半年で2回以上登場した学会シンパ

創価学会シンパの知識人には、いったいどんな面々がいるのか。

それを知るため、創価学会系列の月刊誌『潮』（潮出版）、『パンプキン』（同）、『第三文明』（第三文明社）、『灯台』（同）に登場した知識人の登場回数をチェックした。知識人の定義は、学者や医者、ジャーナリスト、作家など主に知識を生業としている人とした。期間は２０１１年７月〜12月の半年間。

調査したところ、３５２人の知識人がピックアップされた。そのうち、登場回数の多い順にランキングしたのが左ページの表である（一部タレント、芸能人等も含む）。

これら知識人たちの言動は、大きくふたつに分類できる。ひとつは、普段どおりに自説を展開するケースだ。表の中で名前の欄が無地になっている人々がこれに当たる。数としてはこのパターンが圧倒的に多い。そのなかには、岸本加世子氏や三船美佳氏などの芸能界にいる学会員や、前原政之氏や東晋平氏など学会礼賛を専門とする御用ライターもいれば、一見、学会とは無縁に見受けられる知識人もいる。

だが、たとえ創価学会について一切言及していなくとも、彼らはれっきとした「広告塔」の役割を果たしている。なにしろ各媒体は、毎号で池田大作氏

学会系雑誌に登場した著名人ランキング（2011年7月〜12月）

順位	知識人名	肩書	掲載回数	媒体名
1位	岸本加世子	俳優	7	パンプキン、潮
	中島岳志	歴史学者	7	潮、第三文明
	山口二郎	政治学者	7	第三文明、潮
2位	アグネス・チャン	日本ユニセフ協会大使	6	第三文明
	池内紀	ドイツ文学者	6	潮
	井上荒野	作家	6	パンプキン
	江波戸哲夫	作家	6	潮
	鹿島茂	フランス文学者	6	パンプキン
	川上徹也	コピーライター	6	第三文明
	くさか里樹	漫画家	6	潮
	四方田犬彦	文化学者	6	潮
	高任和夫	作家	6	潮
	田原総一朗	ジャーナリスト	6	潮
	綱谷由香利	心理療法士	6	灯台
	中谷彰宏	著述家	6	第三文明
	二宮清純	スポーツジャーナリスト	6	第三文明
	藤原新也	作家	6	潮
	三船美佳	タレント	6	灯台
	茂木健一郎	脳科学者	6	潮
	森野さかな	イラストレーター	6	パンプキン
3位	大下英治	作家	5	潮
	名越康文	精神科医	5	パンプキン、第三文明
	藤本裕子	子育て情報紙編集長	5	灯台
4位	佐藤優	元外務省主任分析官	4	潮
	柳瀬光一	ジャーナリスト	4	第三文明
5位	粟野仁雄	ジャーナリスト	3	潮
	原田誠治	静岡新聞社顧問	3	第三文明
	坂東眞理子	昭和女子大学学長	3	潮、パンプキン
	豊﨑博光	フォトジャーナリスト	3	パンプキン
6位	雨宮処凛	社会運動家	2	第三文明
	石黒昭弘	フリーライター	2	潮
	猪瀬直樹	東京都副知事	2	潮
	枝元なほみ	料理研究家	2	パンプキン
	岡村理栄子	皮膚科医	2	灯台
	勝見明	経済ジャーナリスト	2	潮
	鎌田實	医師・作家	2	潮、第三文明
	木根尚登	ミュージシャン	2	パンプキン
	後藤正治	作家	2	パンプキン、第三文明
	冴木一馬	花火写真家	2	第三文明
	外山滋比古	評論家	2	潮
	中井政嗣	お好み焼店社長	2	潮
	中野千尋	ライター	2	潮
	中野信子	脳科学者	2	潮、パンプキン
	原信子	医学博士	2	潮、パンプキン
	東晋平	ジャーナリスト	2	潮、第三文明
	本多京子	栄養学者	2	パンプキン
	前原政之	フリーライター	2	潮
	水谷修	教育評論家	2	第三文明、灯台
	村井嘉浩	宮城県知事	2	潮
	森達也	映画監督	2	潮、第三文明
	吉岡忍	作家	2	潮
	姜尚中	政治学者	2	潮
	落合恵子	作家	2	潮、パンプキン

の対談やエッセー、創価学会を礼讃する特集記事などを載せているからだ。たとえば『潮』は、池田氏とモスクワ大学総長との対談や、「シリーズ 九州県特別特集」というタイトルで九州各県を取り上げ、学会員と思しき人々が「池田会長こそ『東洋と西洋のかけ橋』となってきた人物」「池田会長は目指すべき教育者の模範」「池田会長ほど平和のために闘っている人物はいない」などという見出しの文章を載せている。

また、シリーズ北海道特集と銘打ち、「池田会長は世界中に人材を輩出する『大樹』」「池田会長の思想が平和への出発点」などと、とても総合誌とはいえない、まるで将軍様を崇《あが》め奉《たてまつ》る北朝鮮の『労働新聞』のような見出しが躍っている。

『第三文明』も、池田氏とシドニー平和財団の理事長なる人物の対談を毎号載せたり、「特集企画　宗教改革の20年」と題し、「創価学会は、宗門と決別して一気に世界宗教への飛躍」（梶田叡一・環太平洋大学学長）、「トルストイは創価学会に大喝采を送るはずです」（藤沼貴・早稲田大学名誉教授）といった記事や「新しい文明の旗手としての創価学会に期待」（安田喜憲・国際日本文化研究センター教授）、「共同体が崩壊した日本にあって信仰に基づく連帯が持つ可能性」（宮台真司・首都大学東京教授）と題した〝PR記事〟が、これでもかというほど毎号掲載されている。

　また『パンプキン』も、池田氏の「ハッピーロード」という連載エッセーや、「池田SGI会長の対話に学ぶ　励ましのこころ」という記事、「池田博士の価値観を学生に教えていくことが、世界市民の育成につながります」（S・シムカンガ・ザンビア大学副総長）、「平和の心を語りつぐ創価の女性に期待」（井野瀬久美恵・甲南大学学長補佐）といった礼讃記事が毎号、誌面に躍っている。『灯台』も同様で、お約束通り池田氏とインドの大学関係者との対談や、「地域特集」と題して毎月、全国各地の創価学会の婦人部を写真付きで大きく取り上げており、学会員による学会員のための雑誌であることを鮮明にしている。

　なお、池田氏は2010年5月から公の場に姿を現わしていない。病床にふせっているとの説もある。はたして本当に本人が対談やエッセーを連載しているのだろうか。その点について、調査対象中の対談をチェックしたところ、掲載されている池田氏を写した写真は、いずれも撮影年月が、10年5月以前のものばかりだった。要するに、直近の時期に対談をしていたことを証明するものがない。ゴーストライターが書いた疑似対談の可能性もある。

　こうした池田氏の対談や礼賛記事の間に、表の知識人たちの記事が織り込まれているのだ。

　それを読んだ学会員のなかには「あぁ、この人も創価学会を認めているのだな」と思い込む人もいるに違いない。公明党の選挙でF票（フレンド票）を集める際、こうした知識人の名前を持ち出すかもしれない。知識人が一宗教団体の系列雑誌に登場するということは、そういう役割を果たすということだ。しかも、表の面々は半年で2回以上も登場している。

　もはや常連の〝広告塔〟といえよう。

池田氏をキリストなみに神格化する佐藤優氏

　次に、ふたつに分けたうちの、もうひとつの特徴について説明しよう。

　これは前出の知識人たちとは違って、より踏み込んだ発言をし、陰に日に創価学会を礼讃する知識人たちである。

　その言動は、細かく分けると、「池

田大作・創価学会の礼讃、支持」「公明党の応援団」「祈りの効果を盛んに説いて、暗に創価学会の信仰を推奨」「宗教の必要性を訴えて、暗に創価学会の存在意義を主張」の四つに区分できる。

まず、「池田大作・創価学会の礼讃、支持」について、抜きん出た言動を繰り返しているのは、元外務省主任分析官の**佐藤優**氏である。

佐藤氏は『潮』11年7月号の「真のリーダーシップは『対話』の中から生まれる。欲望にとらわれた『小我』をコントロールする『大我』こそが、今の日本に求められている」という見出しの記事で、池田氏をイエス・キリスト並みに神格化して、持ち上げているのだ。

◆自ら“創価学会ファン”と公言する佐藤優氏（共同）

「キリスト教徒にとってイエス・キリストという名はきわめて重要である。それと同じように創価学会員にとって池田大作氏の名が決定的に重要なのである。それは池田大作氏という名に創価学会の真理が体現されているからと筆者は考える。筆者はキリスト教徒なので創価学会に対して阿《おもね》る必要はない。創価学会員と別の信仰を持つ一人の宗教人として、筆者は中間団体である創価学会が民主主義の砦であると確信している。それと当時に創価学会の思想を、池田大作氏という傑出した宗教人から虚心坦懐に学びたい」

また佐藤氏は、『潮』同年10月号から「池田・トインビー対談から現代を読み解く『二十一世紀への対話』に見る池田大作思想の現代的意義」という連載さえ始めているのだ。

これはイギリスの歴史学者アーノルド・トインビー博士と池田氏の対談「二十一世紀への対話」を佐藤氏が分析するという企画。そこで同氏はこんなふうに述べている。

「筆者は創価学会のファンであることを隠さない。それは創価学会が対話を重視する宗教団体だからだ。創価学会について勉強し、創価学会員と対話を重ねれば重ねるほど、筆者自身のキリスト教信仰を深めることができる。このように他宗教の信者を惹きつける魅力を池田大作氏は持っている」

このように信じがたいほどベタぼめしているのだ。

しかし池田氏とトインビー博士の対話は、いわくつきの〝対話〟であったことが、後にトインビー博士の孫娘にあたるポーリー・トインビーのペンによって暴かれている。ポーリー女史は、かつてイギリスのクオリティ紙『ガーディアン』のコラムニストで、BBCの社員でもあった人物だ。

「私の祖父は、日本を訪問した際、まったく池田氏に会っていません。祖父の昔からの日本の友人たちも、祖父の晩年の、どちらかというと漠然としたインタビューをもとに池田氏が大袈裟に祖父の思い出を書き立て、自分のために利用していることに対して、明らかに苦々しく思っていました」

「もし祖父があれほど年老いていなかったら（注：トインビー博士が池田氏と〝対話〟したのは85歳のときだった）、（中略）決して池田氏に力を貸すようなことにはならなかったと思います。祖父は当時、とても弱っていました」（『ガーディアン』より抜粋）

どのように成立した〝対話〟かは、博士の孫娘のペンによってうかがい知れるというものだ。

佐藤氏はなぜ、そのようなシロモノに今さら〝ハクヅケ〟しようとしているのか、まったく理解に苦しむ。

折伏される雨宮処凛に萌える学会員

ジャーナリストの**田原総一朗**氏も、佐藤氏と並んで創価学会を支持する知識人の一人である。たとえば田原氏は、『創価学会　識者はこう見る』（潮出版社刊）のなかで、実家の滋賀県の高校を卒業後に上京してきた頃から創価学会に関心を抱いていた、と好意的に語り、「このごろ、創価学会はかつてのようなパワーが影を潜め、穏やかになったのではないか、と感じることもある。遠慮せずにどんどん力を発揮し、日本社会に貢献してもらいたいと願う」とエールを送ったりしてきた。

◆池田大作氏との往復書簡の仕事にまで手を広げてしまった茂木健一郎氏

その田原氏が『潮』で、「世界を変える『BOPビジネス』の新潮流」という連載を持っている。これは新興国の低所得者層向けのビジネスについてあれこれレポートする内容で、それ自体は、宗教について触れていないが、創価学会支持を表明する田原氏が『潮』で連載しているということ自体、強力な宣伝効果を持っているといえよう。

一方、『第三文明』の常連といってもいい**茂木健一郎**氏は、同誌で「脳科学者　茂木健一郎の人生問答」という連載を寄稿している。これは読者の質問に茂木氏が答えるという企画。その「第2回　信仰・宗教は必要か？」（同11年8月号）で、氏はこう述べている。

「私はさまざまな仕事をしてきました

が、今までで最大の反響があったものの一つが、『中央公論』2010年3月号に掲載された、池田大作さんとの往復書簡でした。多くのことを学び、気付くことができました。池田さんには、私のような若輩者の相手をしていただいて、深く感謝しています。（中略）今でも、街を歩いていると、見知らぬ人から声をかけられ、『池田先生との往復書簡、読ませていただきました！』とお礼を言われることがあります。そんな時、私は、ああ、良かったな、と心から思うのです」

「夜回り先生」こと、少年少女の非行問題に取り組む**水谷修**氏は、『第三文明』11年7月号の「創価学会青年部結成六十周年インタビュー」という企画の中で、こう礼讃している。

「創価学会青年部員は、すぐに分かります。目が輝いているのです。希望にあふれ、体から『なにかをしよう』という意欲が感じられます。その理由は信じるものがあり、生きる目的を自覚しているからだと思います。それは信仰の力であり、敬愛する師匠・池田大作先生への熱い想いが青年たちを力づけているにちがいありません」

社会運動家の**雨宮処凛**氏は、学会系メディアの中でブームになっているようだ。『第三文明』11年8月号に登場した雨宮氏は、『小心者的幸福論』（ポプラ社）という自身の本を紹介しつつ、こう述べている。

「私は実に小心者です。コンビニでお釣りの金額を少なく間違えて渡されても何も言えません。でも小心者の人は自分の心に正直な人が多いと思います。一方、その反対は傲慢な人です。ちっぽけなことに執着する傲慢な人間でないということだけでも本当に幸せです。余談ですが、私の周囲の創価学会の人も結構小心者の人が多いですよ（笑）」

この発言が学会員のツボにはまったのか、同年11月号では、「特集　芸術を楽しむ　雨宮処凛と見る　アートの世界」という10ページぶち抜きで掲載されたオールカラーの企画記事に登場。

そこには東京都八王子市内の創価大学に隣接する東京富士美術館などでさまざまなポーズを決めた雨宮氏の全身写真が、誌面を大きく割いている。

さらに学会員で芸術家でもある宮島達男氏と対談。そこで冒頭から宮島氏がいじめ問題に言及し、「いじめられる者も、何らかの非があるのではないか、と私は心の中で思ってきたんです。しかし、そうではないと教えてくれたのは、私の人生の師匠、池田大作・創価学会名誉会長です」と、いきなり折伏モードに突入。池田氏の教えが、雨宮氏の専門分野である「ワーキングプアや社会的弱者の人達を考える際のキーになると思います」と水を向ける。すると雨宮氏は「おっしゃるとおりです」と神妙に答えている。

この従順な受け答えに学会員たちが

萌えたのか、12年2月号の同誌では、「新春対談　日本を変えるヒントを語る　茂木健一郎×雨宮処凛」と、「新連載　作家・雨宮処凛が見る世界　第1回ちょっぴり過激な36歳の私」をスタートさせるなど、いっきに広告塔の筆頭格に上り詰める勢いだ。

知識人に「隠語」を連発させるテクニック

次に「公明党の応援団」のパターンを見てみよう。政治学者の**山口二郎**氏は、『潮』11年7月号で「公明党のリーダーシップに期待」というタイトルの記事を寄稿。そこで同氏は「今や公明党でなければ日本を救えないというくらいの緊急事態にある」「リーダーシップを、公明党をはじめとする政治家に発揮してもらいたい」などと、さかんに持ちあげている。

ちなみに、これと合わせるかのように、同月の『第三文明』から「山口二郎の月刊政治教室」という連載が始まった。内容は、「政治と市民」「国民投票と民主主義」といったテーマで、一応、政治的には中立の視点で語っている。この連載と引き換えに、前述の公明党に対する歯の浮くようなお世辞を述べた記事を載せた、と疑われてもしょうがないタイミングだった。

東京都副知事の**猪瀬直樹**氏は、『潮』11月号で公明党代表の山口那津男氏と対談。その中で猪瀬氏は、「政権交代がまったく功を奏していない。第三党としての公明党が果たすべき役割が、もう少し国民にわかりやすくなればいいとおもうんですけどね」「公明党が生活者の情報でどういうビジョンを作るかが問われてきます」などとアドバイスを送っている。東京都議会で公明党は自民党と並ぶ与党だ。しかも石原都政の〝シンパ〟でもある。これは猪瀬氏のリップサービスか？

◆反格差運動に熱心な雨宮氏だが、公明党が格差社会の一因をつくった事実をご存知か？

また、医師の**鎌田實**氏は、『第三文明』8月号で、被災地で、ボランティアが額に汗していることに言及した後、「私の知る公明党の地方議員の皆さんは、尊敬に値する現場密着の活動をされています。社会の弱者の声を取り上げる努力をしている公明党の地方議員の皆さんには頭が下がります」とほめちぎる。

さらにその後の下りでは「国のリーダーたちも、こうした地方議員の姿に学び、この国難にあたって再度、考え直してほしいと思います。現政権は、何もできずに無力ですが、前政権を構成していた自民党・公明党にも、それなりの責任はあるはずです」と、あたかも、同じ公明党でも、国会議員と地方議員は別であるかのような言いぶりである。公明党が自公政権時代、国会議員と地方議員が一体となり、格差社会を拡大させた小泉構造改革に同調してきた過去は無視されている。

次に、「祈りの効果を盛んに説いて、暗に創価学会の信仰を推奨」する広告塔の例をみてみよう。この手の広告塔のなかで、なんとも奇怪な文章を学会系列の雑誌に載せているのが、精神科医の**名越康文**氏である。

名越氏は「隠語」を使って学会員に語りかけている。たとえば『第三文明』11年8月号では、「さわやかな朝の出発から」と題して「朝に祈ることも、とってもよいことだと思います」と述べたり、「生きるためには師匠が必要です。師を持つと人生が変わります。師を求める気持ちを持ち続け、あきらめないことです」などとエールを送っている。何をどう祈るのか、師とはいったい誰なのか……明言は避けているが、池田大作氏を指しているのは自明の理だろう。

『パンプキン』同11月号の「『学び』の心で、人生を豊かに」という記事でも、同じような隠語を連発しており、ある種、異様でもある。

評論家の**姜尚中**氏も、『パンプキン』11年10月号「姜尚中に聞く『絵画の見方』」で、「祈る手」という、アルブレヒト・デューラーの合掌した両手の絵を紹介している。その合掌の絵とともに、「祈りの気持ちは、見る人を揺さぶり、突き動かす力をもつ」とデカデカと小見出しを掲げている。結局、芸術にかこつけて、宗教の話をさせたいのがありありだ。また、医学博士の原信子氏は「脳科学からみた〝祈り〟の意味」と題し、よい祈りと悪い祈りがある、などといい、祈り方をレクチャーしている。

最後に「宗教の必要性を訴えて、暗に創価学会の存在意義を主張」するパターンをみてみよう。

映画監督でジャーナリストの**森達也**氏は、『第三文明』11年7月号で、東日本大震災の被災地へ行き、矛盾や無慈悲を感じたと述べた後、「生きることの意味と尊さに気づかせてくれることが、信仰のもつ本来の力だと思います。その意味では、これほどに多くの会員を抱える創価学会が、これから果たさねばならない役割はとても大きいはずです」とコメントしている。

このようにさまざまな知識人が学会系列の雑誌に登場するのはなぜか。それは、雑誌を読んだ学会員たちに、「やっぱりこの教え（池田大作氏の言葉）は正しい」と思わせて、創価学会につなぎとめるのが目的なのであろう。この一点に尽きる。

知識人はやはり広告塔なのだ。

覆面記者座談会

創価学会系球団の御三家は「日ハム」「楽天」「巨人」

事情通がブチまける学会とプロ野球の知られざる関係

『聖教新聞』の印刷受注、学会系広告の争奪戦に血道を上げる新聞社は、その見返りとして、ドラフトやトレードなどで、学会員の選手をサポートしているという。

取材・構成＝白城嗣郎｜スポーツ担当デスク

千葉ロッテの優勝で「創価勇勝会」が誕生

——創価学会員がスポーツ界で増殖を続けているというが。

芸能記者A　創価学会では、タレントたちの集まる「芸術部」が有名だが、スポーツ部門の人材グループとしては、2006年に「創価勇勝会」を発足させている。当時の『聖教新聞』の記事には野球、サッカー、陸上、格闘技、オリンピック競技など、国内外で活躍する現役選手や指導者ら104人が名を連ねていたが、所属チームやマネージメント会社が公表を認めないアスリートも少なくないというね。だから実態は完全には把握できない。

スポーツ紙デスクB　この「勇勝」は「優勝」の語呂合わせらしい。05年に千葉ロッテの**西村徳文**現監督がヘッドコーチとして日本一になっているが、プロ生活24年で初めての優勝だった。その喜びを『聖教新聞』のインタビューで「ホントに信心を貫いてきてよかったと、心から感激した瞬間でした」「さらにしっかり信心に励み、コツコツと努力します。この世界で実証を示し、広布のお役に立ちたい」と語り、池田大作名誉会長が大喜びしたという。

その翌年にスポーツ部門の「創価勇勝会」が発足したわけだが、ロッテの「優勝」がきっかけだったというのが定説となっている。

A　08年には新たに「スポーツ部」を青年部の中に結成している。それまで久本雅美、山本リンダが役職を務めてきた芸術部が有名だったが、お笑いタレントの長井秀和が美人局《つつもたせ》事件（08年）を起こして離婚。マンネリ化したうえ芸術部のイメージが下がったことで、選挙対策として台頭著しいアスリートを前面に出そうという方針転換があったともいわれているよね。

ジャーナリストC　西村監督といえば、解任されたバレンタイン監督の後任として2010年にロッテの監督に就任。就任1年目に、リーグ3位でありながらクライマックスシリーズを勝ち抜いて日本一になるという奇跡を起こした。現役時代はスイッチヒッターで初の首位打者や4年連続の盗塁王のタイトルも獲得しているのに、人気がなかったパ・リーグ球団の生え抜きということで、知名度がなかったからね。

B　これで全国区になった。監督就任1年目の日本一達成者は史上9人目という快挙が評価され、正力松太郎賞も受賞。広告塔として『聖教新聞』など創価学会系マスコミで大活躍だった。ところが、翌年は5位の楽天に10ゲームも離されてのダントツ最下位。あまりに持ち上げ過ぎたために、学会も気まずかったようだけどね。

池田先生の顔に泥を塗った岩隈投手の〝不倫騒動〟

C　イメージダウンといえば、楽天からマリナーズに移籍した**岩隈久志**にも笑った。岩隈夫妻は、ともに創価学会の熱心な信者として知られている。創価学会系雑誌の対談に夫婦で登場し、「妻がいなかったら今の僕はありません」（岩隈）、「主人が投手としての使命を果たせるようにサポートすることが、自分の使命だと思っています」（夫人）と、公称827万世帯の創価学会内では「目指すべき夫婦像」になっていた。ところが昨年の師走、メジャー移籍直前に岩隈の不倫密会を『週刊ポスト』が暴露。車内接吻、ゴルフ場抱擁と激写されてしまった。

A　岩隈が不倫相手との移動に使い、接吻まで披露した愛車のナンバーは夫人の誕生日だった。週刊誌の記事が出ると夫人は激怒し、米国で自主トレ中の岩隈が緊急帰国したほど。愛人も同伴していたというから、目指すべき夫

◆『聖教新聞』などにたびたび登場してきた岩隈投手

婦像がこれでは、創価学会も大慌てだったと思うよ。岩隈は愛人が助手席に座った愛車を処分させられたようだね。

学会ウオッチャーD　岩隈は「創価勇勝会」のなかでも別格だったからね。07年に21勝を上げて最多勝、沢村賞、最優秀選手賞など8冠を達成すると、本部幹部会で池田名誉会長から直々にリンゴを手渡されている。これは池田名誉会長から運を分けてもらうことを意味するが、この写真が『グラフSGI』に掲載されて話題になった。『聖教新聞』にも21勝目のウイニングボールを池田名誉会長に贈り、「池田先生のおかげで勝ち続けることができました。師弟に徹し、人生に大勝利します」という喜びの声が紹介されていた。

C　岩隈夫人は、同じく学会員で楽天の**広橋公寿**コーチの長女。2人が出会ったのも学会系の美術館だという。ちょっとでき過ぎた話だが、理想の夫婦像というよりは、すべてが夫人のいいなりのようだ。04年に近鉄が消滅した時、岩隈はオリックス入りを断固拒否し、金銭トレードで楽天入りしたのも義父である広橋コーチに義理立てしたため。愛妻家というより、恐妻家。今回の不倫騒動に激怒した夫人がメジャー移籍を区切りに離婚すると見られていたが、学会のためにこれまで通り仮面夫婦を続けることになったようだ。

B　渡米のときは家族揃って成田空港に姿を現わし、シアトルで試合がある日は夫人がスタンドで応援をしている。ところが、中継ぎで使われている岩隈は登板日がわからないため、夫人は試合ごとに球場に足を運ばないといけない。気温10度の開幕戦から皆勤らしいが、広告塔として理想の夫婦像を演じるのも大変みたいだね。

学会系球団の御三家は日ハム、楽天、巨人

――創価学会は野球界に多くの人材を輩出しているが、学会球団といわれるようなチームは？

B　日本ハム、楽天、巨人が学会系球団の御三家といわれている。日本ハムはスカウトの統括責任者が熱心な信者ということで、**小谷野栄一**、**八木智哉**、**高口隆行**（その後ロッテ、巨人に移籍）、**大塚豊**といった創価高校や創価大学出身の選手を獲得するようになった。OBでも、北海道出身でもないのに日本ハムの監督に就任した**栗山英樹**も創価高校出身だからね。日ハムには創価大OB限定の割引入場券があるほど。

C　オリックスと合併した近鉄には、もともと学会員が多かった。選手分配ドラフトによって、新球団の楽天へ移籍した選手やコーチにたまたま学会員が集中してしまった。ところが、球団オーナーの三木谷浩史楽天会長が「創価学会とタッグを組んで球界支配」と週刊誌に書かれたことに激怒。週刊誌に謝罪要求したが、その影響もあって

球団発足当時より学会色が薄くなっている。

D 楽天について付け加えれば、野村克也監督時代は広橋コーチの他にも、**小野和義**、**山下和彦**などのコーチがいた。野村監督も創価高校、創価大学に太いパイプを持っていたからね。野村監督の教え子のひとりで、シダックスから巨人にドラフト指名された**野間口貴彦**は関西創価高校出身だし、創価大学で野球部の監督と方針が合わず退部したのをシダックスが拾ってやった。サッチーがオーナーをしていた少年野球チームから創価高校へ進む子供も、エリートコースだといわれていた。

C 楽天は星野仙一監督が松井稼頭央を獲得してからは、平石洋介、小斉祐輔、勧野甲輝とPL学園出身に〝宗旨替え〟したと陰口を叩かれている。

D 巨人はエースの**内海哲也**が熱心な学会信者。内海の祖父母が京都の広布草創期の功労者で、両親も地区幹事の要職にあるらしいね。

B 東京ドームに行くと、客席でオレンジのジャイアンツカラーに混じって赤・黄・青の「三色旗」(学会旗)を振るファンを見かける。ところが、球団関係者はこれを注意するどころか、見て見ぬふり。減り続ける観客対策に貢献しているということなんでしょうね。

『聖教新聞』の印刷利権がWBCの選手派遣に影響

D どこの球場でも事情は同じ。観客動員だけでなく、『聖教新聞』の球場広告による収入でも恩恵を受けている。球場内の広告費は年間2000万円ともいわれるが、『聖教新聞』は神宮球場を除く11球団の本拠地球場で広告を出している。神宮球場は経営母体が宗教法人のため、広告が出せないらしいね。広告に数億円を使いながら、『聖教新聞』の本社が一番近い球場で広告がNGとは気の毒な話だね。

——甲子園球場や札幌ドームといった球場はまだしも、巨人と中日は親会社が新聞社。同業者の広告を本拠地球場に出させるというのもどうか。

C 読売や中日に限らず、創価学会にモノがいえる新聞社なんてないと思う。自前の印刷工場を持たない『聖教新聞』では、550万部を北海道から沖縄までの37カ所の地方新聞社系列の印刷所で印刷させているという調査の結果もある。

D 以前は『毎日新聞』や地方紙が中心だったが、最近は『読売新聞』の進出が際立っているらしいね。

C 渡邉恒雄会長が公称1000万部と豪語してきた読売だけど、現実には部数を減らし続けている。『聖教新聞』の印刷は、読売系列の印刷所にとっても救世主となっているんだ。だからだろうか、全国各地に分散する読売系列の印刷所では、地元紙と『聖教新聞』の印刷を巡ってトラブルを起こしている。

B　野球界でも話題になった話だ。08年に中日新聞グループの『名古屋タイムズ』の休刊にからんで『読売新聞』との間でひと悶着あった。これに激怒した中日新聞側が、第2回WBCへの選手派遣を拒否する騒動にまで発展した事件だよね。

D　WBCへの選手派遣を拒否した背景には、08年の北京五輪に中日ドラゴンズが12球団最多の4人を派遣した事件があると聞いていた。試合に酷使されたことで五輪後のペナントレースで故障者が続出し、シーズンを3位で終えてしまった。これに対する落合博満監督の抗議かと思っていた。

B　そういう面もゼロとはいえないが、WBCアジア予選の興行権を持っている『読売新聞』に対し、『中日新聞』が協力を拒否したというのが真相。『中日新聞』の会長であり、中日ドラゴンズオーナーの白井文吾氏を後ろ盾にしていた落合監督はそういう空気を読んだともいえるが、その対立の原因を作ったのが『聖教新聞』の印刷委託だったんです。

読売vs中日……『聖教新聞』争奪戦の結末は？

B　400万部市場といわれる中京地区では、『中日新聞』のシェアは7割。中日ファンは全員が『中日新聞』『中日スポーツ』を読んでいるからね。残りの3割を『読売』『毎日』『朝日』『日経』で奪い合っている。『読売新聞』は中京地区で創刊したとき、「コーヒー3杯分で1カ月間新聞が読めます」をうたい文句にして、1カ月500円の購読料で勝負したほど。公正取引委員会から指導を受けたが、そんな禁じ手を使っても牙城は崩せなかった。

A　読売系列の『スポーツ報知』も長く1部100円で販売され、『中日スポーツ』も1部100円で対抗していた。赤字に転落しても『中日新聞』が支える形で維持してきたという経緯もある。

D　新聞戦争がそのままプロ野球に反映されているわけだ。

B　『聖教新聞』の中京地区での印刷を請け負っていたのが、中日新聞グループの名古屋タイムズ印刷だった。連結決算の『名古屋タイムズ』は、『聖教新聞』の印刷で黒字を出して赤字を補填。それで経営が成り立っていたという。これに対して『読売新聞』は、08年3月に稼働し始めた最新鋭の輪転機で印刷できる清須工場で『聖教新聞』を印刷しようと、水面下で動いていた。

D　『聖教新聞』は東海3県で30万部を発行するともいわれている。これは、中京・北陸地区での『読売新聞』の販売部数に匹敵する数字だからね。そりゃおいしいですよ。

B　これを事前に察知して、『読売新聞』の横取り阻止に動いたのが『中日新聞』。創価学会と友好関係を築けば、『聖教新聞』の印刷にとどまらず、創価学会関連の出版物の全面カラー広告をはじめ、池田名誉会長の著書や創価学会系列の雑誌の広告なども出稿される。つまり、『聖教新聞』の印刷を奪われるということは、同時に莫大な広告料も失うことになる。『中日新聞』もドル箱を簡単に手放すわけにはいかなかった。

◆創価学会の信者である西村監督と日蓮正宗の信徒である落合監督（いずれも当時）の“宗教対決”となった2010年の日本シリーズ（共同）

C　もちろん学会側にとっても、地方紙にカネを落とすメリットはある。地元に密着した報道が多い地方紙に、池田名誉会長が海外の大学から名誉博士号を授与されたなどというパブ記事も掲載してもらえる。同様に公明党の記事も多くなる。このような恩恵を期待して地方紙の印刷工場を使い、学会の広告を出稿しているといわれている。

A　地方紙には、創価学会や公明党の悪口が書けないシステムができあがっているわけだ。

B　学会側も、シェア7割の『中日新聞』に記事や広告が掲載される方がベターで、結果的に『中日新聞』が『読売新聞』から権益を奪い返すことに成功したそうだ。子会社の印刷所から『聖教新聞』の売上げが消えた『名古屋タイムズ』は休刊に追い込まれてしまったが、『中日新聞』のオフセットで印刷を始めることができた。この一連の騒動の中で起きたのが、中日ドラゴンズの第2回WBCへの選手派遣拒否騒動だったというわけ。

新聞社経由でドラフトやトレードに学会側が介入

D　落合監督も創価学会の会員だったが、91年に学会が日蓮正宗（宗門）から破門されてから、宗門の信徒に戻ったといわれている。中日ドラゴンズは名古屋の熱田神宮で必勝祈願を行なうが、いつも落合監督は欠席していた。「宗教上の理由」といわれているが、宗門の教義で他宗派の行事に参加できなかったらしい。

B　関係者の間では有名な話だよね。06年に落合監督のセカンドバッグが盗難に遭ったとき、「現金はいいので日蓮正宗の御守りだけは返して欲しい」と夫人がマスコミに語ったことで発覚した。ロッテと中日の間で行なわれた

10年の日本シリーズでは、熱心な学会員の西村監督との宗教戦争だと、記者の間で話題になったことがある。

D　このときは創価学会に軍配が上がったけどね。

B　もっとも、創価学会の球界への関与はそんな程度じゃない。ドラフトやトレードといった選手補強にも強い影響力を持っている。『神戸新聞』は12万部の『聖教新聞』の印刷を請け負っているといわれ、阪神戦を試合終了まで中継することで知られるサンテレビと阪神の機関紙『デイリースポーツ』が傘下企業。『神戸新聞』は事業部を通じて阪神タイガースと太いパイプを持っているが、学会側は『神戸新聞』を窓口にして阪神のフロントと交渉するケースがあるんだ。

D　そこまでする？

B　もちろん、ドラフト上位での指名は無理だが、下位や育成選手として創価高校や創価大学の選手の指名工作をしたり、戦力外になった学会員の選手をトレードで獲得してもらえるように根回しをするわけです。

A　球場にも『聖教新聞』の広告を出しているわけだしね。

B　球場の広告だけでなく、年間指定席の購入や観客動員にも貢献するといったニンジンもぶら下げる。もちろん新聞社を親会社に持つ中日や巨人でも同じような動きはあるというからね。球団職員に学会員が多い楽天や日本ハム、監督が熱心な信者のロッテでも影響力は否定できない。

D　これじゃ創価学会が、プロ野球の球団を抱えているようなものだね。

サッカーも角界も似たような事情が……

A　プロ野球の球団を持つと年間コストが50億～60億円かかるといわれるが、創価学会のやり方は宣伝効果があるだけでなく、特定のチームを持つよりコストパフォーマンスに優れているよね。

D　同じようなことは、サッカーのJリーグでもやっている。

C　優勝経験もないのに清水エスパルスの監督を05年から6年間も続けた**長谷川健太**だが、父親が創価学会の幹部で、チームに多額の協力金を支払っていたそうだからね。

B　横浜F・マリノスや浦和レッズなどの監督問題が出るたびに、Jリーグ監督として優勝経験もない長谷川の名前が取り沙汰されるのも理解できる。

A　スポンサー付きということだね。

C　サッカーでは元日本代表の**中村俊輔**（横浜F・マリノス）が学会アスリートとして有名だが、『聖教新聞』に「なんとか日本代表に選ばれるようにお題目をあげています」と祖父が本部に送った年賀状が紹介されたこともあった。日本代表監督のフランス人のトルシエが日韓W杯の代表として俊輔を選ばなかったのは、フランスでは創価学会がカルト扱いされていたのが理由、という指摘もあった。

B　英プレミアムリーグのマンチェスター・ユナイテッドでプレーすることになった**香川真司**だが、日本代表としてアジア杯に出発する前に実家のある神戸の池田文化会館で、新年勤行会に両親と出席していたと報じられている。香川の日本代表の背番号『10』は学会の先輩の俊輔がつけていた。セリエAのノヴァーラで活躍する**森本貴幸**も、創価学会で師匠と弟子という意味を持つ「獅子王」のタトゥーを腕に彫っていたことが話題になった。ゴールした試合では、マスコミの前で「(ゴールを)池田先生に捧げる」と公言して、そのコメントが使えなかったという笑えないエピソードまであるんだ。

D　角界にも学会員はたくさんいる。元水戸泉の**錦戸親方**や元琴風の**尾車親方**は学会員として有名だが、曙や朝青龍などの外国人力士のタニマチにも多い。千秋楽に支度部屋で撮影する優勝記念の写真に創価学会のシンボル「三色旗」が写っていたこともある。

B　外国人力士は、祝儀さえもらえればタニマチは誰だっていいですからね。

C　12年3月に定年退職し、部屋が消滅してしまった元大関・旭国の**大島親方**も学会員として有名だった。部屋の入門者を入信させ、朝稽古後と夕方の1日2回、御本尊に向かってお題目を唱えてさせていたというからね。

B　逃げ出した力士が最初にマスコミにボヤくのが朝夕の勤行《ごんぎょう》の話だった。おかみさんも熱心な信者で、選挙のときはマイクロバスを仕立てて弟子を投票場に強制連行し、地方場所が重なると不在者投票をさせていたそうだ。

C　他にも天理教や霊友会といった宗教法人をタニマチにしている部屋も少なくないが、そういった部屋は、地方場所の宿舎として教団施設を借りていることもあるし、節分の豆撒きをどこでやるかで、宗教との関係がわかることも多い。

D　こうして見ると、驚くほどの浸透ぶりだ。もちろんプロゴルフ、フィギュアスケート、ボクシング、キックボクシング、空手など他のスポーツでも学会員はいるようだが、注目される成績が残せないために悩んでいるアスリートも少なくない。信者の選手たちにとって、池田大作名誉会長に直接会ってバットやボールなどの贈呈品を渡すのが夢なんだそうです。学会側も相応の価値のある成績を残した者しか会わせないし、『聖教新聞』も取り上げてくれないからね。

D　『聖教新聞』が有名選手の活躍を持ち上げるのは、末端の学会員へのいわばプロパガンダ。アスリートの活躍は、選挙でF票(フレンド＝友人票)を獲得する際の宣伝材料にもなるんです。

C　結局、スポーツと宗教の純粋な関係ってありえないんだ。

ナンバーワンは『読売新聞』！創価学会系広告出稿ランキング公表

全国紙からブロック紙まで、ズブズブの関係を数値化してみた

一般企業が広告宣伝費を絞るなか、独り気を吐く創価学会――。これでは批判記事など書けないではないか。

佐々木奎一 ジャーナリスト

マスメディアである新聞社は、創価学会とその系列団体からどれだけ広告をもらっているのか。広告量は新聞ごとに差異があるのか。それを知るため、創価学会とその関連団体の新聞広告出稿量を調査した。

調査対象は、新聞が全国紙5紙（読売、朝日、毎日、日経、産経）とブロック紙3紙（北海道、中日、西日本）の合計8紙。広告主は創価学会、聖教新聞社、創価大学、潮出版社、第三文明社の合計5団体。

カウント方法は、新聞一面を上中下の3段階に分け、1段につき1点、全面広告で3点。1段の半分を0・5点、1段の3分の1を0・33点とし、1段の3分の1未満の小さな広告は対象外とした。

調査期間は、2011年6月1日から12年1月31日までの8カ月間。期間をこのように設定した理由は、独自調査により、年間を通してこの時期が、創価学会系列の広告量が最も多いという内部資料を入手したからだ。

こうして調べた結果が、表の「創価学会系団体の全国紙／地方紙『広告出稿』ランキング」である。

順に見てみよう。

ベッタリの読売新聞

ランキング第1位は『読売新聞』。第2位以下を大きく引き離し、52・5点と堂々のトップだった。広告量が特に多かったのは創価大学。たとえば創価大学主催、読売新聞東京本社広告局共催による「21世紀大学教育セミナー」という1段と0・5段の告知広告を、6月1日以降、合計13回も掲載している。なかでも6月8日（水）と同月27日（月）の2回は、朝刊と夕刊で立て続けに告知するというしつこさだった。

この広告には、読売新聞特別編集委員の橋本五郎氏が「真の教育とは何か」と題して1時間講演したり、創価大学学長が30分間講演すると書いてある。開催日は11年7月2日、場所は都内の有楽町にある「よみうりホ

ール」。「定員1100名入場料無料」とあるので、このセミナー自体、宣伝目的ということになろう。

　そして7月24日には、セミナー当日の内容を全面広告で掲載。これによると橋本氏は、母から「常に謙虚であれ」「常に全力で当たれ」などと言われたエピソードを紹介し、「真の教育とは、このようなところにあるのかもしれません」と言い、いかにも学会婦人部が喜びそうな話をしている。

　さらに、「創価大学　活字文化公開講座」（創価大学主催、読売新聞社主管）を創価大学で12月17日に開催。その席で作家の石田衣良氏が講演することを11月、12月に合計7回、告知している。

　12年1月21日には、その模様の全面広告を掲載。『読売新聞』にとってみれば、創価大学とタイアップしてセミナーを開けば、告知広告がガンガン入り、開催後は全面広告が約束される。そのうえ、セミナー当日もイベント運営料、ホール貸し出し料などで大枚が転がり込む。まさに一粒で三度おいしい。この不景気のさなか、超有力な“金主”なのである。

　『読売新聞』は他に、毎月、創価学会系の各月刊誌の広告を掲載したり、聖教新聞社の全面広告（6月17日、11月18日）を載せているし、SGI（創価学会インタナショナル）の日とされる1月26日には、創価学会の全面広告を掲載している。

各紙がセミナーを共同開催

ランキング第2位は『毎日新聞』。同紙も6月28日付で、創価大学が主催し、毎日新聞社が共催する「21世紀大学教育セミナー」（開催地は大阪市内）の全面広告を掲載している。そこには毎日新聞主筆の岸井成格氏が「誰もが龍馬になれる」と言って講演している様子が描かれている。

　他にも1月3日に創価大学のキャンパスを写した全面広告を載せたり、創価学会、聖教新聞社、学会系月刊紙などの広告も載せている。『読売新聞』と

創価学会系団体の全国紙／地方紙「広告出稿」ランキング

順位	新聞名	点数
1位	読売新聞	52.5
2位	毎日新聞	41
3位	中日新聞	34.31
4位	西日本新聞	31.66
5位	北海道新聞	29.875
6位	朝日新聞	25
7位	産経新聞	13
8位	日本経済新聞	6

＊全面広告で3点。
紙面に占める広告面積に応じて加算

◆読売新聞の全面広告。同紙特別編集委員の橋本五郎氏は、母から「手を抜いてはならない」「傲慢になってはならない」などと言われて育ったといい「私にとって母はお天道様です。真の教育とは、このようなところにあるのかもしれません」と学会婦人部が喜びそうな話をしている

の差は、セミナー告知の広告がないことだった。

第3位～第6位は、『中日新聞』『西日本新聞』『北海道新聞』『朝日新聞』。いずれも月刊紙や創価学会、創価大学、聖教新聞社などから広告をもらっている。第1位、第2位と大差がついた要因は、第三文明社の広告が、読売、毎日が1段であるのに対し、他紙が0・5段であることや、読売、毎日とは違って1月に創価大学の全面広告がなかったことが響いた。なお『中日新聞』『北海道新聞』『西日本新聞』の3紙も創価大学とタイアップして「21世紀大学教育セミナー」を開催し全面（北海道新聞は2段）にわたって記事広告を掲載していた。

第7位の『産経新聞』は、6月18日と11月18日に聖教新聞社の全面広告、1月26日に創価学会の全面広告、それ以外は、毎月の第三文明の広告だけ。創価大学や月刊誌『潮』『パンプキン』『灯台』の広告は皆無だった。

もっとも少ないのは第8位の『日経新聞』。同紙は6月18日と11月18日の聖教新聞社の全面広告のみだった。

◆今年1月26日に各紙に掲載された創価学会の全面広告。池田大作名誉会長の「SGIの日」記念提言を紹介している。「共に生きる、共に踏みだす」という見出しや、震災にひっかけた「心の復興」というキャッチフレーズなどの言葉が並んでいる

これでは批判など不可能

このように、全紙が創価学会系列の団体から広告をもらっていた。特定の宗教団体で、なおかつ公明党という特定の支持政党を持つ創価学会とその系列団体から、これほど広告をもらっていては、中立公正な報道などできないだろう。

その点を各新聞社に質問したが、どの社も判を押したように「広告の掲載が当社の取材・報道に影響を与えることは一切ありません」と言うばかりだった。ただし、『日経新聞』だけはノーコメントだった。

また、突出して広告量の多い読売、毎日に対しては、「特定の支持政党を持つ宗教系の団体と御社が、これほど深いつながりを持っているのはなぜか?」と質問した。しかし、両紙とも「紙面の広告は、当社の掲載基準に沿って審査したうえで掲載しています。特定の支持政党を持つ宗教系の団体と、深いつながりを持っているという事実はありません」と言うのみだった。

しかし、大手新聞メディアに創価学会、公明党を批判する視点の記事がほとんどないのは、ズバリ広告でズブズブにつながっているからである、と言わざるをえない。

PART 3

池田大作なき後の跡目争い

信濃町コンフィデンシャル

相続問題で国税当局に怯えて迷走する池田大作の〝跡目争い〟！

検証！・長男「博正」をかつぐ御学友派VS現実路線の谷川グループ

山田直樹　ジャーナリスト

2年以上にわたる池田不在のなか、信濃町では異変が進行している。国税当局も注視する池田資産の相続問題とは？　インサイダー情報をもとに権力闘争の中身を検証してみた。

『週刊文春』の誤報だった池田大作の再起不能説

巨大教団・創価学会の主である池田大作(84)が公の場から姿を消したのは、2010年5月のことだ。それ以降、2年余の長期にわたってトップの〝不在〟が続いている。重病説が取り沙汰されるたびに、創価学会広報室が「池田先生はお元気です」といったコメントを流してきた。だが、池田の肉声や動画がまったく発信されない状況で、それを信じている者が、果たして組織内部にどれだけ存在するだろうか。

そんななか、昨年10月27日号の『週刊文春』は、「衝撃スクープ　池田大作名誉会長　担当していた元看護師が語る『厳戒病室』本当の病状」と題する告白記事を掲載した。記事によれば、池田は脳梗塞を患い、そこから認知症に移行して「再起不能」となっているという。ところが約2カ月後、『週刊文春』は編集長名で「証言したような看護師は存在せず、証言は事実無根」と「お詫び」の文章を掲載し、池田再起不能説は、あっけなく覆されてしまった。

この一件で着目したいのは、学会や池田側が、『週刊文春』の編集部に対してお得意の名誉毀損訴訟を起こさず、「抗議」に終始した点である。池田が公人だとはいえ、「存在しない看護師」の「証言」によって名誉をズタズタに切り裂かれた記事だったのだが──。

さらに、『週刊文春』側の〝自爆〟で大きなアドバンテージを得たのに、学会側は機関紙『聖教新聞』にこの一件を1行たりとも書いていない。これまで、メディア側のヘマを見逃すような組織ではなかったのに、である。

不可解な点はまだある。およそ3カ月ほど前の情報だ。

「実は、池田家の長男博正さんが矢野絢也さんに会いたいと、申し出てきたんですよ」

確かな筋からの情報だったとはいえ、耳を疑う話だった。

◆この2年以上、公の場にまったく姿を見せなくなった池田大作名誉会長。『週刊文春』が看護師が語る〝病状〟をスクープしたが誤報だったことが後に判明している（共同）

池田大作名誉会長の長男である博正（創価学会の副理事長および副会長職）は、池田の継承者候補の最右翼だと言われてきた人物である。慶應義塾大学卒業後、関西創価学園の教諭となったが、後に「教え子」と結婚した。しかし離婚してしまう。池田を世襲する瑕疵《かし》として、この離婚問題があると言われている。世襲候補では池田夫人・香峯子の名前も取り沙汰されるが、体調不良情報が消えることはなく、「そもそも一介の主婦に過ぎない人に指導者は無理」というのが学会内の通説だ。

対して、元公明党委員長である矢野絢也は、08年5月から突如として創価学会の攻撃を受けるようになり、訴訟攻撃（詳細は後述）にもさらされてきた政界OBである。最近、学会側と和解したとはいえ、先の情報が確かなら、池田家の長男がなぜ矢野に会いたいと言っているのか。学会中枢では、いったい何が起きているのか？

池田ジュニアか？ 副会長の谷川佳樹か？

10年6月3日、池田大作は、創価学会にとっての重要行事「本部幹部会」に欠席し、以後不在が続いている。この日、原田稔会長は、池田のメッセージを紹介している。

〈皆が、創価学会すべての責任を担って戦う時が来ているのである。学会の将来にとって、今が一番大事な時である。ゆえに、私を頼るのではなく、君たちが全責任をもって、やる時代である。私は、これからも君たちを見守っているから、安心して、総力を挙げて広宣流布（筆者注：組織拡大のこと）を推進しなさい〉

指揮権放棄、あるいは全権委譲とも受けとれる内容だった。「君たちが全責任をもって」と言い、後継者の指名はなかった。池田が「病気」や「一時的な体調不良」に陥っているという説明もない。

裏を返せば、現在も「池田は元気」なのだ。事実はどうであれ、創価学会にとってはそうなのである。

もっと言えば、このメッセージによって池田は「引退」（名誉会長や創価学会インタナショナル会長等の肩書は放棄していないが）し、現在は原田稔会長＝正木正明理事長が、組織をガバナンス（管理・統治）していることになる。

こうしたなか、池田時代では考えられなかったことが、この1年間に起きている。

◆若き日の池田博正氏。08年に離婚の事実が報じられ、それが世襲のネックになっているとも（朝日）

原田は学会の王道を歩んできた。東京都出身で12歳の時に入信。東大時代から池田大作に直接指導を受けたと言われ、卒業後は創価学会本部職員となり、池田の秘書業務を担う「第一庶務」に配属された。

その後、幹部の登竜門である青年部長を経験。第一庶務室長を経て、学会の人事、カネの実務を握る本部事務局事務総長に就任、01年から副理事長を務めた。

脇を固める正木理事長は、教団内で伸長著しい創価大学グループのリーダーで、同大学の同窓会組織「創友会」の委員長を務めた。そして池田の次男城久（29歳で急死）を支える学友グループの一員として頭角を現した。創価学会内で、「池田先生が亡くなった後のことを、我々は考えなくてはならない」という〝タブー〟を公言したこともある。これまで男子部長、青年部長、壮年部長、総東京長などを歴任。ここ数年は原田会長を飛びこえていっきに会長就任か、とも囁《ささや》かれた人物だ。昨年10月で原田＝正木体制は、任期5年の2期目に入った。これで池田家の長男、博正の世襲が遠のいたようにも見える。

　ところが会長人事を巡って、急浮上している話がある。

「次期会長は谷川佳樹副会長」「交代は今秋」といった、もはや〝確定人事〟であるかのような話だ。正木、谷川と博正はほぼ同世代。少し前は、正木次期会長説も流れていたのだが……。

ある学会員がこんな話をしてくれた。

「谷川は学会中枢の創価大学閥とは異なり東大閥。原田の後輩ですね。ただ、正木理事長のような池田ファミリーとの密接な関係はない。創価大学閥が、なんと言っても組織の主流で、先生自身重宝してきた。しかし先生は、出身閥だけでなく選挙の手腕も評価対象にしている。谷川さんはその点で、遜色のない経歴です。谷川さんが正木さんの任期満了前に会長に就任するには、先生自身の指示がなければ無理です。逆に、先生が明確な意思表示をすることが困難なら、『後は託した』と言われた組織が決定しなければなりません」

　しかし、原田＝正木体制が2期目に入ったばかりなのに、早くも会長の交代説が流布すること自体、異様である。池田の意思は学会組織内に行き渡っているのだろうか。いないとすれば、実権を握る争いが発生する芽は充分にある。実は次期会長人事、さらに言えば学会の今後と長男博正の処遇すべてに絡んでくるのが「矢野問題」である。

◆ポスト池田で名前が浮上している谷川副会長（『FRIDAY』06年4月28日号より）

「矢野問題」が なぜ鍵を握るか？

矢野は公明党書記長、委員長を務めた後、政治評論家として活躍してきた。1993年に『文藝春秋』誌上で、公明党当事者の視点から政界劇をえぐった手記「二重権力　闇の流れ」を連載したこともあるが、筆者は矢野を「公明党は批判しても、学会批判は行なわない」と理解していた。池田に弓引く者＝造反者ではなく、創価学会も矢野の身の処し方を許したうえで、批判を加えてこなかったようにも見える。実際、矢野の手記には、受けとり方によっては、公明党批判と捉えられる部分や、〝やんわりとした学会の実態描写〟がある。学会・公明党側がその一部を問題視したが、彼らの「申し入れ」を受け入れたうえで、一部が書き直されて単行本化されたという経緯もある。

そんな矢野の身辺に異変が起きたのは、05年4月末のことだった。事の経緯を見ていこう。

まず学会側から突然、矢野に面談の申し入れがなされる。創価学会戸田国際会館で面談に応じた矢野の前に学会側が持ち出したのは、先の『文藝春秋』のコピーだった。いくつもの赤い付箋《ふせん》がついていて、学会側は「青年部がこの記事で怒っている。謝罪文を書いてくれ」と矢野に迫ったという。12年も前の、矢野にとっては解決済みと認識していた一件が、唐突に持ち出されたのだ。

謝罪文の文面があらかじめ用意されていたので、矢野は本意ではなかったが、「丸く収まるなら」と承知した。さらに学会側は、「１００万円寄付してくれ」とも申し入れている。

「罪滅ぼしは財務寄付（筆者注：献金）しかない。そうすれば、青年部の怒りも収まる」

矢野の著書ではこう説明されているが、これはきっかけでしかなかった。

先述したように、手記発表以後、学会の実態を暴露したり、批判するようなことはやっていない。

事態は収束すると思っていた矢野だが、今度は創価学会青年部が面談を申し入れてきた。つるし上げに近いものだったが、結局矢野は「文藝春秋の記事については謝る。今後マスコミに文書は書かない。創価学会に対して恩返しする」という内容の誓約書に、やむなくサインした。政治評論家としての活動の道が、これで断たれてしまった。

それでも、創価学会からのバッシングは止まなかった。再び公明党ＯＢが矢野の自宅を訪れ、今度は手記のベースになっていた「手帖」を預かると言い出したのである。このなかには、政界だけでなく矢野家のプライベートなこと（銀行口座や個人連絡先等々）も記入されていた。それでも矢野は「手帖を預ける念書」に署名し、「手帖」を彼らに渡した。実際は〝持ち去り〟に近いものだったと言い、以降矢野と創価学会は裁判で争うことになっていく。

矢野vs学会、突然の和解の真相

矢野の身辺の異変を最初に伝えたのは、『週刊現代』（08年8月6日号）だった。「手帖」持ち去りの当事者は、かつての矢野の同僚の元公明党議員3人。彼らはこの記事と、次号にも掲載された矢野自身のコメント入りの記事について、矢野と講談社を「名誉毀損」で訴えてきた。『週刊現代』05年8月13日号では矢野が、

「手帖を私が自ら進んで渡したということではありません。（ＯＢ議員たちは）4回にわたって矢野宅に来訪し、その

都度、執拗な要求があり、『プラインバシーの侵害になる』と言う強い抗議をしたにもかかわらず、手帖を無理矢理に持ち去ったのです」

◆創価大閥の中心人物正木理事長（共同）

◆原田会長も池田家に忠節を誓う一人とされる

　と述べている。矢野側は、「手帖」の返還などを求めて反訴し、最高裁まで争われたが、矢野側勝訴で結審（09年9月）する。これでようやく、矢野の「手帖」が手元に戻ってきた。ちなみに矢野は、この訴訟と前後する08年5月、谷川副会長を含む創価学会幹部7人に対して「脅迫によって謝罪させられ、評論家としての生活を奪われた」などの理由で、損害賠償請求の民事訴訟を起こしている。この時、矢野は創価学会を脱退し、ついに〝造反者〟となった。この訴訟のことは『週刊新潮』が報じたのだが、記事に書かれた訴状の内容「谷川が矢野を脅迫した」（要旨）という部分を槍玉に挙げ、今度は谷川が単独で、矢野を名誉毀損で訴えてきた。

　矢野が原告となった裁判では、一審で学会側が勝訴、二審の終結間近になって急転直下、両者は和解することになったのだ。学会側は一審で勝ったものの、谷川の「脅迫」については裁判所が事実認定していた。一方、谷川が原告となった裁判は、一審が継続中だった。ふたつの裁判が、突如として「和解」で終結したのである。

　よく考えると不思議な話である。そもそも元公明党議員の3人はなぜ、矢野に目をつけたのか。当時はまだ、矢野は〝造反〟していたわけではない。創価学会は矢野の「手帖」がどうしても必要だったとしか思えない。

　また学会側が、「手帖」を手に入れた時点で矢野へのバッシングを止めていたら、果たして矢野は〝造反〟していただろうか。その後もバッシングが執拗に続いたため、「窮鼠《きゅうそ》猫を噛む」矢野が、訴訟に踏み切ったのだ。学会側は読みを間違え、結局は公明党OB側の敗訴によって「手帖」が矢野の手に戻ってしまった。創価学会・公明党の大誤算である。

この裁判に注目してきた創価学会に批判的なグループが、背景をこう見立てる。

「和解のキーマンは谷川です。控訴審で次期会長候補が再び脅迫行為を（裁判で）事実認定されるとなるのはまずい。矢野から今後、学会攻撃を控えるという担保を取れるなら、矛《ほこ》を納めようという判断ではないでしょうか」

だが、話はそれほど単純ではないだろう。学会側からは、矢野に対してさまざまな人脈を通して水面下の〝事前和解交渉〟があったという。一方で、進行中だった矢野原告の控訴審では、矢野の方が窮地に立たされていたという証言もある。

たとえば裁判長の問題である。この裁判を担当した加藤新太郎裁判長は、かつて「池田大作にレイプされた」という女性（原告）が創価学会を訴えた訴訟で、「訴権の濫用」を理由に原告を門前払いしたことがある。矢野原告の控訴審でも、被告側（学会側）に与《くみ》したとしか思えない裁判長の発言が数多く飛び出している。谷川らに脅迫行為（威迫）があったという矢野側の主張にも、疑問を呈しているようだった。つまり一審より厳しい判決が、矢野側に下される可能性もあった。

こうした状況を前提に考えると、創価学会はみすみす有利な判決が期待できるのに、〝寸止め〟で和解に応じたことになる。将来会長として嘱望される谷川に傷をつけたくなかったと説明する関係者もいるが、果たしてそれだけなのか。過去、池田が一審で敗訴したり、第五代目会長の秋谷栄之助も現役時代に敗訴した経験がある。

もっと別の事情があったのではないだろうか。

池田ジュニアが怒っている

矢野は昨年秋、「手帖」にもとづく告白本の第二弾『乱脈経理　創価学会vs.国税庁の暗闘ドキュメント』（講談社）を出した。凄まじい爆弾だった。しかも巻末では「学会・公明党の裏面史とも言える手帖を順次公開し、学会・公明党の実態を世に問うことにした。その第一弾が本書である」と続編の執筆まで予告していた。つまり矢野の「手帖」には、創価学会を揺るがす〝重大な記録〟があるということだ。

矢野の最初の告白本『黒い手帖　創価学会「日本占領計画」の全記録』（講談社）は、手帖事件のいきさつを記したものだ。対して『乱脈経理』では、国税税務調査に対して、かつて学会・公明党がどんな対応をしたか、関係者の実名まであげて記している。

「これで学会は慌《あわ》て出したんです。『矢野のところには、その後の学会経理の情報も集まっているのではないか』とか、『すでに国税は、矢野本をベースに課税調査に入っているのではないか』と。もう矢野と裁判している段階ではない、今後の暴露を何とか止めるには訴訟から手を引くべきだ、という判断から和解したんです」

創価学会中枢からの情報である。

実は、この話には続きがある。谷川の和解に一番腹を立てているのが、池田家の長男博正だというのだ。この話が事実なら、博正の矢野への面談申入れは違った意味を持ってくる。

博正の考えがどうであれ、いずれ勝てそうな訴訟を和解で収めたとすれば、「池田先生の命」＝「攻めよ」という方針を池田自身が撤回したか、池田がこうした訴訟の方針に口をはさむ状況にないかのどちらかだろう。さらに池田家の長男博正にも、谷川たちの動きは止められなかったことになる。

そもそも一連の矢野バッシングはなぜ始まったのか。

その理由を探るために、05年5月という時期に注目したい。この直前、宗門（日蓮正宗、91年に創価学会を破門）と創価学会の主要な裁判のいくつかに決着がついている。学会側が敗訴し、学会は91年から繰り出していた宗門への訴訟攻撃に〝新たな材料〟が見つからない事態を迎えていた。「仮想敵」を作ることで組織に活を入れてきた池田のやり方が、限界にさしかかっていたのだ。そこで新たなターゲットとして浮上してきたのが矢野だった。身内を責め立てるのは池田の常套手段だ。実際、その翌年の06年11月には、6期目に入ってわずか4カ月目だった秋谷会長が「退任」。実質的には池田による〝解任〟とまで言われている。

当初、矢野を責め立てたのは公明党OBだった。彼らの忠誠心を矢野バッシングで試し、後顧の憂いを取り去る目的もあったのではないか。しかし、池田が不在となった10年5月以降、新たなバッシングは起きていない。

こうして池田不在後、バッシングと訴訟攻撃の波は消え、「完全リセット状態」になった。谷川にすれば、学会を脅かしかねない危険要素（矢野問題）のひとつを見事に消し去った形になり、権勢はいやがうえにも増す。しかしこのことが、対池田家との関係で、微妙に影を落としているとの情報も伝わってくる。

たとえば、「谷川グループが『組織を取るのか、池田家を取るのか』と主張している」といった話だ。また、引退した秋谷五代目会長が「学会本部に頻繁に呼ばれている」との情報もある。今年初めには、「秋谷創価学会脱退説」が流布したが、矢野に追従しないよう、秋谷から学会側が再聴取しているのではないか、と解釈する関係者もいる。

では、実際に学会が置かれている状況はどのようなもので、次期会長と目される谷川の狙いは何なのか。

そこには池田大作の莫大な資産をめぐる相続の問題が控えているようだ。

怪情報も飛び交う池田資産の深い闇

「国税に対して、事前交渉を行なっているが、応じてもらえずに学会は困惑している」

筆者の耳には、こういった情報が漏れ伝わってきている。巷間、ここにきて「学会の相続税対策」が問題視されている背景には、以下のようなふたつの事情があるはずだ。

◆自著『乱脈経理』で創価学会に衝撃を与えた矢野絢也氏

通常、資産家の相続では、当事者が物故する前に税理士と相談して財産の仕分けをしておく。そして税理士が国税当局と交渉するプロセスを経る。

そうした手続きに入る必要が、いよいよ池田の身に降りかかってきた――これが第一点。

通常なら、(納付する意思のある)納税者側の相談事を国税当局が袖《そで》にすることなどありえない。なぜ国税当局は創価学会に対して、かたくなな態度を示しているというのか。恐らくそれは、矢野の告白本によって、学会への税務調査が「不完全」に終わった事実を暴露されてしまったからではないか。つまり、過去への意趣返しの意思が国税当局にあることが想定できる。矢野の新たな告白本に対する学会の危機意識に通じる話でもある。ここが第二の点だ。

また、池田大作の資産を、学会側がきちんと掌握しているかどうかも疑問だ。池田ファミリーもちゃんと把握しているのかどうか……。

89年に、1億7500万円の入った古金庫が産業廃棄物処理場から発見され、学会幹部が「私の物だ」と申し出た、いわゆる「捨て金庫事件」があった。この学会幹部が自分の物だと主張した根拠は、極めて怪しかった。そもそも「古金庫に大金を入れているのを忘れてしまい、捨てられてしまった」などということが起こるのだろうか。その幹部が説明した、金の出所=蓄財方法にも多くの矛盾があった。金は「池田個人のもの」で、管理している者が、忘れてしまったのではないかと推測されるゆえんだ。

矢野の著作には、「池田氏の『公私ごっちゃ』を挙げればキリがない」と高級品でちりばめられた専用施設、海外から買い集めてきた絵画の存在などが記されている。しかも、「帳簿記載や整理もされずに放置されていた」ともある。

学会側にとっては、池田資産の相続問題を突破口にして、学会本体の経理に国税当局のメスが入るのは避けたい。

さらにいえば、相続が問題になっているという情報が流れること自体、現学会指導部の汚点であり、能力のなさをさらけ出しているようなもので、実はここに、谷川が矢野との和解をまとめた理由が潜んでいるはずだ。

Xデーの前にケリをつけたい

池田大作と創価学会を破門した日蓮正宗関係者の見立てを紹介する。

「池田の指示、つまり意思が不在なので、原田＝正木執行部は現状維持路線しか打ち出せない。一方、矢野氏との和解は谷川の〝独断〟とも言われている。学会組織にとっては、後顧の憂いを取り去っており、残るは相続問題。ここにケリをつけるべく、池田家（の資産）と学会組織の（資産の）腑分《ふわ》けをする。谷川が実権を握りつつあり、それが組織内で、『組織を取るのか、池田家を取るのか』という言い方になって現われている」

実際、最近の情報誌には、こうした見立てを証明するかのような記事が頻繁に登場する。谷川会長確定説からさらに踏み込んで、原田対谷川グループの暗闘さえ実名入りで書かれている。

谷川が実権を掌握して会長への地ならしをするためには、学会の長老格である法務部門の責任者・八尋頼雄（弁護士）副会長と長谷川重夫副会長の立ち位置も重要になってくる。八尋は、一時重病を患ったが復活しており、創価学会のウラを知る重鎮だ。一方、長谷川は「この人物を通さないと、池田には会えない」と言われる〝池田家の執事〟である。この二人が谷川グループにくみするか、原田＝正木体制を支えるか、そして池田家とどう向き合うかが鍵を握ってくる。もっとも、彼らが谷川の味方なのか敵なのかについて、情報誌の記事には混乱が目立つ。

池田のXデーは「予定」が立つシロモノではない。だからこそ、先述した池田の資産の相続案件は、会長人事をさしおいてまで、真っ先に解決しなければならない問題なのだ。

池田後の創価学会をガバナンスするためには、相続問題というトゲを抜き取り、組織への影響を最小限にくい止める必要がある。また池田家、とりわけ博正の処遇に目途をつける必要がある。博正が矢野に面談を申し入れた理由は推測するしかないが、事実とすれば、それ自体が事件である。

創価学会は今、「巨大な池田個人商店からの脱皮」を迫られている。

●本邦初の本格調査！

池田大作なき後に残る「創価学会」の巨額資産を見積もる

信濃町施設の資産価値から墓苑事業の収益、関連法人の財務内容まで！

国会質問で出た「資産10兆円」は大げさだとしても、大企業をはるかに凌ぐ経済実態を「見える化」してみた！

高橋篤史　ジャーナリスト

基本財産がわずか260億9964万円の真偽

巨大宗教団体・創価学会の経済力はどれほどのものなのか――。

その実態はいまなおお厚いベールに覆われている。1995年、国はオウム真理教事件を受けて宗教法人法を改正、伝統、新興の別を問わず宗教法人は収支計算書や財産目録といった決算書類を所轄庁に毎年提出しなければならなくなった。しかし、その内容を外部の者が窺《うかが》い知ることはできない。

情報公開制度も「信教の自由」という大義名分の前では無力だ。司法の世界では一つの判例がすでに確立されている。それは創価学会と日蓮正宗の長きにわたる対立とも微妙に絡み合う裁判の結果だった。

2006年2月、鳥取市内の宗教法人日香寺は、鳥取県と当時の片山善博知事を相手取り、提出書類を請求者に開示するとした決定の取り消しを求める裁判を起こした。

「創価学会による攻撃に使用される恐れがある」

日蓮正宗系の日香寺による主張の一つはそのようなものだった。文化庁は04年2月、次長名で都道府県に対して、宗教法人の提出書類を不開示とするよう通知を出していた。そのこともあり、裁判は1、2審とも県側が敗訴。07年2月、最高裁は県側の上告を退け、不

◆総本部の建て替え工事など大規模開発が進む信濃町の「学会村」

開示を妥当とする判決が確定した。

　末端の「ブロック」から「地区」「支部」「本部」「圏」「分県」「県」「方面」へとピラミッド状にそびえ立つ創価学会の巨大組織。その実務を司る本部の総務会において、毎年度の決算は承認されている。そのメンバーはおよそ300人にも上るとされるが、いまだかつて決算に関わる詳細かつ正確な情報が外部に漏れ出たことはない。

「御本尊などをカネの価値として見るのは宗教になじまない。冒涜と言ってもいい」

　創価学会からはそんな声も聞かれる。法律上、信者であれば書類閲覧は可能だが、そのような強者の出現は寡聞にして聞かない。宗教的な結束の固さが依然としてトップシークレットを守り通しているのだ。

　基本財産260億964万円。

「宗教法人創価学会」の登記簿に記載されているこの数字が唯一、公にされている経済力を示す数字だ。宗教法人の財産には3種類ある。そのうち基本財産は境内地や境内建物など宗教活動の財政的基礎となるもので、ほかに御神体など宝物で構成される特別財産と、法人の通常の活動を支える普通財産がある。それらの区分は必ずしも明確ではなく、学会が基本財産への組み入れを少なくして財産目録を作成している可能性はある。

　とはいえ、公称827万世帯の会員を土台に本部職員約3000人を擁する巨大宗教団体の基礎となる資産がわずか260億円しかないのは即座に納得しがたい。創価学会は「財務」や「特別財務」と称して信者から寄付を募り、それらの大半は会館など不動産に投下されてきたはずである。基本財産の額が小さいのは取得時期が古い不動産を低い価格のまま計上していることも一因とみられる。

では、実勢ベースの数字はどうなのか。ある程度それを推測することは可能だ。創価学会の一大根拠地である東京・信濃町。まずはそこに解剖のメスを入れてみよう。

28件に上る信濃町の非課税施設

現在、JR信濃町駅の北側に広がる一帯は再開発ラッシュだ。駅前の商店街を抜けると、重機の音が鳴り響き、作業員が行き交う。13年9月の完成を目指し、創価学会は総本部の建て替え工事を進めている。7階建て・高さ約30メートルのビルが新たに姿を現すという。道路の向かいでは創価文化センターの骨組みが立ち上がった。こちらも高さ約30メートルの大型施設で、一足早く12年9月に完成する。

53年に戸田城聖・第二代会長が元イタリア大使館付き武官の私邸を買い取って本部として以来、創価学会は周辺の土地を買い増し、おびただしい数の施設を建設してきた。今日、ほぼ500メートル四方という広大な面積が「学会村」とも呼ぶべき宗教地区へと変貌している。

その資産価値を探る手がかりは固定資産税評価額と、その基準となる路線価だ。市区町村は固定資産税を課すため、土地や家屋ごとに評価額を定めて台帳に搭載している。それが固定資産税評価額だ。そのもととなるのが路線価で、土地・家屋が面する道路ごとに基準額が定められている。固定資産税評価額は一般に土地の場合、国土交通省が実勢価格の目安として毎年1月時点の価格として公表する公示地価の7割の水準とされている。

新宿都税事務所で縦覧帳簿を閲覧したところ、課税施設と非課税施設の別が明らかになった。宗教法人の保有不動産は原則非課税だが、宗教活動に関係ないものや物販など収益事業に関わるものには固定資産税が課され、評価額が帳簿に搭載される。非課税対象の土地・家屋は縦覧帳簿に載っていない。地図などから信濃町地区で特定できた創価学会の施設は57件。そのうち非課税施設は前述の総本部予定地など28件に上った。他方、課税施設は29件ある(以下、92ページ以降の一覧表参照)。

課税施設には職員寮や聖教新聞社の社屋のほか、戸田記念国際会館や第二別館、南元センターなど大型建物も含まれる。戸田記念国際会館は海外進出の総本山である創価学会インタナショナル(SGI)や戸田記念国際平和研究所、牧口記念教育基金会などの事務局が置かれており、それらはいずれも任意団体。同会館は不動産登記簿上、「教会」などとされているが、税務当局は利用状況から宗教施設に当たらな

創価学会の施設 MAP

1 創価世界女性会館
2 第三女性会館跡駐車場
3 信濃文化会館
4 銀舞会館
5 駐車場（名称不明）
6 光城会館
7 法城会館
8 創価女子会館
9 第八別館
10 第九・第十別館
11 教育文化センター
12 SGI国際会議会館
13 SGI国際会議会館駐車場
14 創価旭日会館
15 世界青年会館
16 第六別館車庫
17 友光寮跡（名称不明）
18 常楽会館
19 常楽園
20 新館接遇センター
21 区立信濃町友情公園
22 本部別館
23 総本部予定地
24 SGI世界文化センター
25 南元会館
26 本部第二別館
27 創価文化センター予定地
28 信濃平和会館
29 左門町会館
30 戸田記念国際会館
31 聖教新聞社本社
32 聖教新聞社第二別館
33 聖教新聞社出版センター
34 銀舞会館駐車場
35 銀舞寮
36 （名称不明）
37 創価文化センター新築工事事務所
38 春風寮
39 大光寮
40 倉庫2・3
41 芙蓉寮
42 第二芙蓉寮
43 第三芙蓉寮
44 第二別館
45 第一・第三・第七別館
46 青雲寮
47 香風寮
48 第１南元寮
49 第二若葉寮
50 聖教新聞社新館
51 南元センター
52 南元町寮
53 陽光寮
54 第一桜花寮
55 第二桜花寮
56 新宿文化会館、本部倉庫センター
57 大京寮

創価学会の施設一覧［課税施設］

MAP 番号	施設名	課税敷地面積〔登記上面積〕（平方㍍）	固定資産税評価額〔推定全体価格〕（万円）	家屋種類	課税家屋面積〔登記上面積〕（平方㍍）	固定資産税評価額〔推定全体価格〕（万円）	備考
29	左門町会館	488	54,156	事務所	992	2,398	09年1月に学校法人高橋学園から取得
30	戸田記念国際会館	1,565	178,471	教会、事務所他	8,246	145,944	93年5月完成、地上11階・地下3階
31	聖教新聞社本社	3,387〔3,807〕	119,172〔133,939〕	事務所、教会	14,565〔16,650〕	74,823〔85,534〕	61年4月完成、地上8階・地下3階
32	聖教新聞社第二別館	591	21,586	事務	1,575	14,230	77年3月完成、地上2階・地下1階
33	聖教新聞社出版センター	258	13,869	店舗	328	1,108	家屋の登記は不見
34	銀舞会館駐車場	479	19,580	—	—	—	—
35	銀舞寮	426	17,036	共同住宅、車庫	650	2,732	—
36	（名称不明）	618	31,638	居宅	335	505	—
37	創価文化センター新築工事事務所	548	28,844	—	—	—	—
38	春風寮	398	20,396	共同住宅	331	1,081	—
39	大光寮	443	23,347	共同住宅	326	1,458	建物は木造・地上2階建て、施工は積水ハウス
40	倉庫2・3	540	20,741	倉庫	88	396	施工は大林組
41	芙蓉寮	341	17,285	共同住宅	638	3,033	家屋の登記は不見
42	第二芙蓉寮	382	11,644	共同住宅	467	3,059	家屋の登記は不見
43	第三芙蓉寮	461	24,097	共同住宅	238	735	家屋の登記は不見
44	第二別館	2,149	91,184	居宅、事務所他	1,419	6,170	建築計画概要書によると建物は1階が礼拝所で2階が住宅
45	第一・第三・第七別館	571〔4,189〕	30,688〔225,137〕	事務所	775〔3,307〕	8,541〔36,423〕	敷地内には他に2棟（家屋面積880平方㍍と1342平方㍍）が登記されているが非課税扱い
46	青雲寮	95	4,383	居宅	102	180	—
47	香風寮	212	9,057	事務所、宿舎	224	299	—
48	第1南元寮	1,018	47,522	—	2,369	15,277	—
49	第二若葉寮	315	15,659	居宅	193	348	—
50	聖教新聞社新館	591〔1,252〕	24,965〔52,813〕	寄宿所、事務所	1,389〔2,912〕	11,051〔23,160〕	87年2月完成、地上4階建て
51	南元センター	1,377	50,473	事務所	2,963	35,444	91年4月に中堅ディベロッパーのホリウチコーポレーションから取得
52	南元町寮	333	9,161	共同住宅	522	2,238	家屋の登記は不見
53	陽光寮	575	16,044	共同住宅	309	2,213	家屋の登記は不見
54	第一桜花寮	381	14,347	共同住宅、宿舎	750	5,161	家屋の登記は不見
55	第二桜花寮	352	14,527	共同住宅	753	5,180	家屋の登記は不見
56	新宿文化会館、本部倉庫センター	50〔623〕	4,947〔60,735〕	教会、倉庫他	221〔2,914〕	2,147〔28,244〕	94年9月完成、地上6階・地下1階
57	大京寮	502	19,642	共同住宅	567	3,251	—

土地の合計固定資産税評価額95億4461万円〔合計推定全体価格124億7313万円〕

家屋の合計固定資産税評価額34億9002万円〔合計推定全体価格42億5801万円〕

創価学会の施設一覧［非課税施設］

MAP番号	施設名	敷地面積（平方㍍）	固定資産税路線価（1平方㍍当たり、万円）	推定固定資産税評価額（万円）	備考
1	創価世界女性会館	1,830	114.0	208,620	—
2	第三女性会館跡駐車場	580	52.7	30,592	登記上の土地の地目は宅地
3	信濃文化会館	942	52.2	49,172	78年6月に土地の地目が宅地から境内地に変更
4	銀舞会館	517	52.2	26,987	—
5	駐車場（名称不明）	466	114.0	53,150	00年3月にミクニ総業（東京・六本木）から取得、登記上の土地の地目は宅地
6	光城会館	231	52.2	12,058	—
7	法城会館	298	52.2	15,555	土地は83年8月に取得
8	創価女子会館	977	52.2	51,036	06年3月に地上2階・地下2階の建物が完成、施工は鹿島、土地の大部分を日立建機から取得
9	第八別館	846	52.7	44,626	08年8月に地上2階の建物が完成、施工は竹中工務店
10	第九・第十別館	1,072	50.1	53,734	08年8月に地上2階の軽量鉄骨建物が完成、施工は竹中工務店
11	教育文化センター	378	51.6	19,504	—
12	SGI国際会議会館	851	50.1	42,635	—
13	SGI国際会議会館駐車場	227	51.1	11,599	—
14	創価旭日会館	713	51.6	36,790	前所有者は朝日生命保険
15	世界青年会館	927	51.6	47,833	前所有者は旧石原建設（のちに環境建設、04年4月破産）
16	第六別館車庫	967	52.2	50,501	08年8月完成、建築計画上は礼拝所、施工は大林組
17	友光寮跡（名称不明）	102	55.3	5,660	96年5月に土地取得、登記上の地目は宅地
18	常楽会館	516	52.7	27,193	—
19	常楽園	779	55.3	43,078	—
20	新館接遇センター	1,283	55.3	70,970	—
21	区立信濃町友情公園	137	55.3	75,760	区立公園として使用されているが土地は学会が所有
22	本部別館	1,586	138.0	218,942	地上7階・地下2階の建物が04年3月に完成、施工は三菱商事環境開発プロジェクト本部
23	総本部予定地	4,814	55.3	266,237	13年9月に地上7階・地下3階の建物が完成予定、施工は大成・大林・鹿島・清水・竹中JV
24	SGI世界文化センター	3,462	50.6	175,189	地上6階建て建物が10年3月完成、施工は大成・熊谷・ハザマ・小田急建設JV
25	南元会館	364	50.6	18,428	96年12月に社団法人日本塗料協会から取得
26	本部第二別館	1,800	58.9	106,056	地上7階・地下1階の建物が09年7月完成、施工は三菱商事開発建設プロジェクト本部
27	創価文化センター予定地	3,564	58.9	209,944	12年9月に地上6階・地下2階の建物が完成予定、施工は三菱商事開発建設プロジェクト本部
28	信濃平和会館	985	43.3	42,677	建物は地上2階・地下1階、施工は飛島建設
				合計 201億4526万円	

＊非課税施設の土地面積（小数点1位以下切り捨て）は建築計画概要書及び開発登録簿を基にし、一部で登記簿上の面積と「しんぶん赤旗」（01年7月3日付）記事の数字を採用した
＊固定資産税路線価は近傍の最も高い価格を採用、推定価格の算出にあたっては面積を小数点2位まで考慮し万円未満を切り捨て
＊課税施設の敷地・家屋面積（小数点1位以下切り捨て）は原則として固定資産税価格縦覧帳簿の数字を採用し、一部推定値を用いた、価格は万円未満切り捨て

いと判断しているようだ。同様に、第二別館はかつて池田大作名誉会長が寝泊まりしていたことで知られ、内部の実態は住居施設とみられる。一方で、聖教新聞社の社屋や第一・第三・第七別館のように、一部しか課税対象になっていないものもある。

　縦覧帳簿の数字を積み上げたところ、課税施設の評価額は土地が計95億円、家屋が計34億円。非課税部分も含めた推定全体額は土地・家屋合わせて総計167億円ということになった。ちなみに池田名誉会長は信濃町に私邸を構えている。74年に創価学会から462平方メートルの土地を購入、広さ344平方メートルの居宅を建てた。今日、土地は2億2979万円、家屋は467万円と評価されている。

信濃町だけで資産価値1000億円

他方、面積で大きく上回る非課税施設はどうか。こちらは新宿区などに提出された建築計画概要書や不動産登記簿などから敷地面積を割り出し、近傍の路線価をもとに推定価格を算出した。外苑東通りに面した創価世界女性会館や本部別館などの資産価値が高く、推定価格は計201億円との結果だ（家屋に関しては経年的減価もあり、単純式では求められないため、推定価格を算出していない）。

◆非課税施設ではなかったSGI入居の会館

　これら課税・非課税施設を合わせた固定資産税評価額の推定額は土地で計326億円。公示地価に直せば、約466億円ということになる。非課税施設には高層ビルが数多くあり、現在建設中の大型施設も考慮すれば、土地と家屋を合わせた資産価値は1000億円の大台を超すかもしれない。創価学会は信濃町地区以外にも主な市区町村に会館を建設しており、その数は全国で数百カ所に達するとみられる。それらも合わせた資産価値は2倍、3倍に上っても何ら不思議ではない。

　こうした金額を大きいと見るか小さいと見るかは議論が分かれるところだろう。ひとつ指摘すべき点は、信濃町地区における土地取得にあたり、創価学会はそれらを借入金に頼らず現金で購入しているという事実だ。周辺で売却話が出れば、すぐに出動できる潤沢な現金を常に持っていることこそが強大な経済力を物語っている。

会員から浄財を募る集金力に加え、宗教活動から派生したサイドビジネスを拡大させてきた点も見逃せない。創価学会には日刊紙『聖教新聞』や月刊誌『大白蓮華』などを発行する出版事業と、全国各地で展開する墓苑事業という2つの収益事業がある。公称約550万部の『聖教新聞』の購読料は月1880円だから、出版事業ではそれだけで1000億円を超す年間収入をもたらしている可能性がある。

国債運用に回る墓苑事業の収入

墓苑事業についてはもう少し正確に実態を掴《つか》むことができる。現在、創価学会は13カ所の墓苑・納骨堂を運営するが、そのうち群馬県渋川市で87年に完成したはるな平和墓苑については関連団体の財団法人平和墓苑が運営する。

同財団が県に提出した事業報告書からは好採算ぶりが浮かび上がる。貸借対照表を見ると、開発には土地・建物などで129億円ほどが投じられたようだが、2万6000基余りの墓地は完売。納骨堂には毎年500柱近くが収蔵され続け、累計1万柱を数える。永代供養料や納骨堂使用料など事業活動収入は毎年3億円余り。経費を除いた差額（一般企業の営業利益に近いもの）が直近5年平均で1億1100万円という儲けぶりだ。このため国債などで運用する金融資産は10年度末で約53億円に積み上がっている。こうしたドル箱がほかに12カ所もあるわけだ。

創価学会の墓苑事業を巡っては91年に発覚した多額の申告漏れが有名である。「墳墓地の貸付」にあたる収益は非課税だが、墓石・カロート（納骨堂）代に相当する収益には軽減税率ながら法人税が課されるとして、税務当局が学会（当時は運営5カ所）と平和墓苑に対して約30億円の申告漏れを指摘したのだ。もっとも、学会が販売する画一的な規格型墓地は民間霊園に比べて割安とされ、極端に低い原価率で暴利を貪《むさぼ》っているわけでもない。好採算なのは広告宣伝など販売費をかけずとも申し込みが殺到する巨大な「学会マーケット」が存在するためだろう。

民音の金融資産は105億円！

創価学会の周りには関連公益法人や関連企業が数多く存在する。それらは有機的に結合し、カネを外部に漏らさないコングロマリットを形作っている。経済力をますます強大にさせる、じつによくできた仕組みだ。

関連公益法人の先駆けは財団法人民主音楽協会（民音）である。信濃町の民音文化センターを拠点に演奏会など音楽活動を行なう。事業報告書によれば、10年度の事業活動収入は66億円。演奏会で多かったのはイルカ（29回）

や研ナオコ＆野口五郎（28回）、大月みやこ（24回）といったところ。じつは07年度決算で民音は129億円もの減損損失を計上している。保有する土地の簿価は3分の1に切り下がった。おそらく89年に明治生命保険から取得した民音文化センターの土地がバブル崩壊で値下がりしたためとみられる。言ってみれば高値掴みしたわけだが、それでも現在105億円もの金融資産が積み上がっている。

寄付金576億円をたちどころに集めた創価大学

　創価学会にとって信濃町と並ぶ一大聖地である東京都八王子市には学校法人創価大学や財団法人東京富士美術館などが蝟集する。

　創価学会はエリート養成にとりわけ熱心な宗教団体として知られる。優秀な子弟は早い段階で「未来会」（現在の未来部）に選抜され、池田名誉会長から直接薫陶を受けてきた。出身者は「鳳雛会」などと名乗り、中枢を担っていく。学会は60年代以降、創価大学のほかに小中高校を運営する学校法人創価学園を設立し、そんなエリート集団を純粋培養してきた。自らが「フォートレス（要塞）」と呼ぶ重要な拠点だけに、その集金力も凄まじい。例えば、創価大学は10～11年度にかけて「40周年寄付事業」の号令の下、寄付を募ったが、じつに567億円もの巨費がたちどころに集まった。保有する金融資産は1281億円にまで積み上がっている。同様に、創価学園も10年度に119億円の寄付を集めた。

◆東京富士美術館。美術品の簿価は499億円、金融資産141億円を保有する

　莫大な資金力が物質へと転化した究極の姿こそが東京富士美術館と言ってよい。同美術館を巡っては93年に脱税事件へと発展したルノワール騒動が知られる。「浴後の女」などルノワールの絵画2点の売り込みに対し、同美術館は三菱商事を取引の代理人に立てることで応諾。三菱商事は売り込みを図ったグループに対し、計36億円の小切手を帝国ホテルで交付した。しかし、そのうち15億円分もが受取人不明となり、売り込みグループのうち2社・3人が脱税に問われた。三菱商事が代理購入した翌年、東京富士美術館は41億円で問題の絵画を引き取ったが、これもある意味では豊富な資金力を物語るエピソードと言えるだろう。

現在、同美術館が所蔵するのは油彩画310点や陶磁器488点、彫刻108点など全部で9426点。簿価は499億円に達する。さらに金融資産141億円も保有、定期預金や国債のほか外国社債でも運用している。

なみいる大企業をも凌駕する経済規模

こうした公益法人や創価学会本体の周囲を固めるのが関連企業群である。

日本図書輸送は『聖教新聞』の配送を担い、その関連会社ニット保険は会員相手に保険代理店業を営む。先述した墓苑事業の前段階には富士白蓮社が控える。会員向けに友人葬などをとり行なってくれるのだ。全国各地の中小規模の会館は創造社が一手に設計業務を引き受けている。11年3月期の事業報告書によると、礼拝所の新築設計だけで進行中の案件は全国で43カ所を数える。完成した会館は日光警備保障が堅牢に守る。08年6月期決算によると、警備収入の相手は創価学会20億9600万円、聖教新聞社（法人としては創価学会と同じ）1億6200万円、創価大学9300万円など。潮出版社からも2700万円の受注があった。創価大学が学生向け物販サービスのため設立した創学サービスは東京富士美術館の清掃業務も請け負う。

04年になって戦略的に設立されたと思われるのが信濃建物総合管理だ。建設部門の栄光建設などを吸収し、06年から全国規模で会館の管理業務を行なっている。創価学会本体から代理権を付与され、契約・発注業務を一括して請け負う仕組みらしい。取締役陣には次期会長との呼び声も高い谷川佳樹事務総長が名を連ねている。

かつて国会質問で飛び出た「資産10兆円」との数字は大げさだとしても、これまで見てきた断片情報だけでも「学会コングロマリット」が相当額の資産を保有していることは明らかだ。

歴史を紐解けば、そもそも在家信徒の集まりである創価学会と経済活動とは表裏一体の関係だった。戸田第二代会長は出版社「日本正学館」を設立し、敗戦8日後には大手新聞に中学生向け通信教育の広告を掲載するという商魂のたくましさを見せ、若き日の池田名誉会長を社員に登用するなど、同社を学会の根城にした。その後も貸金業の「東京建設信用組合」を経営し、それが破綻すると同じく「大蔵商事」を興した。60年代に池田第三代会長になってからは関連企業が次々と設立され、社長会が定期的に開かれた。

かつて「貧乏人と病人のための宗教」とも言われた弱者救済を旨とする創価学会の経済力は、なみいる大企業をも凌駕するまでになった。しかし、全貌が見えぬまま膨張するその威容は、社会に根強く残る学会アレルギーの一因であり続けているのも確かだ。

純利益	総資産	株主資本	備考
8000万円	—	—	11年3月期
2億7800万円	58億7600万円	37億3200万円	11年9月期
—	—	—	11年3月期の事業報告書によると、全国43カ所の礼拝所の新築設計を手がけ、増改修も含めると計70カ所以上。学校施設等も多い
▲2億8100万円	37億2300万円	32億6000万円	11年4月期（▲はマイナス）
—	—	—	10年12月期
—	—	—	11年5月期
1億0500万円	—	—	11年5月期、72年11月に新社会研究所（千代田区九段南）を吸収合併
7800万円	29億2900万円	12億7300万円	11年3月期、株主は学会30%・戸田記念国際平和研究所30%・牧口記念教育基金会25.75%・大城協栄会14.25%
3900万円	9億1400万円	—	10年6月期、日本図書輸送の関連会社
3600万円	—	—	11年2月期、株主は創価大学100%
—	—	—	10年9月期、日本図書輸送の関連会社、01年10月に日章（世田谷区北沢）を株式交換で子会社化
—	—	—	株主は学会55%・日栄45%
9100万円	67億6200万円	56億0600万円	11年3月期、株主は学会100%、信濃施設管理・栄光建設・東京アービックを子会社化又は吸収合併

総資産	備考
208億2900万円	10年12月期、年間収入は収支計算書の事業活動収入、金融資産（現預金・有価証券・積立引当資産）を105億円保有
59億1500万円	11年3月期（4カ月変則決算）、10年11月に公益財団法人の認定受ける
955億7200万円	11年3月期、年間収入は帰属収入、うち119億円が寄付金
2200億0900万円	12年3月期、年間収入は帰属収入、うち214億円が寄付金、金融資産（有価証券・預金・引当資産等）を1281億円保有
144億2900万円	11年3月期、年間収入は正味財産増減計算書の経常収益、金融資産（現預金・事業運営基金・減価償却引当資産・投資有価証券）を52億円保有
692億1400万円	11年3月期、年間収入は正味財産増減計算書の経常収益、うち3億2800万円が学会からの寄付金、美術品9426点を所蔵しその簿価499億円、金融資産（現預金・有価証券・運営基金積立資産）を141億円保有
10億5600万円	10年12月期、年間収入は正味財産増減計算書の経常収益、02年12月に公明党へ党本部土地建物を売却、以降は毎年約2億円の分割払いを受けほぼ同額を党に寄付

創価学会の関連企業とその資産

名称	所在地	業種	設立	売上高
潮出版社	千代田区飯田橋	出版	1960年7月	28億1700万円
日本図書輸送	江東区新木場	物流	1961年11月	92億円
創造社	新宿区愛住町	建築設計	1962年1月	—
東西哲学書院	新宿区信濃町	出版・書籍販売・飲食・仏具販売	1964年4月	47億円
シナノ企画	新宿区左門町	映像ソフト企画・制作・販売	1968年9月	23億円
富士白蓮社	墨田区東駒形	葬祭	1969年6月	18億円
第三文明社	新宿区新宿	出版	1969年7月	19億2300万円
日光警備保障	新宿区信濃町	警備	1970年7月	25億7900万円
日栄	千葉県市原市	物流・倉庫	1972年4月	10億4900万円
創学サービス	東京都八王子市	学生向け物販サービス	2001年5月	13億0400万円
ニット保険	新宿区南元町	保険代理	2001年11月	1億円
さくらサービス	千葉県市原市	障害者雇用	2004年7月	—
信濃建物総合管理	新宿区南元町	施設管理	2004年11月	55億7300万円

創価学会の関連公益法人とその資産

名称	所在地	事業内容	設立	年間収入
財団法人民主音楽協会	新宿区信濃町	音楽全般の諸活動	1963年10月	66億5200万円
財団法人東洋哲学研究所	東京都八王子市	仏教に関する研究	1965年12月	4600万円
学校法人創価学園	東京都小平市	幼稚園・小中高校の運営	1967年6月	175億4100万円
学校法人創価大学	東京都八王子市	大学の運営	1971年4月	356億8600万円
財団法人平和墓苑	群馬県渋川市	墓地の運営	1975年8月	4億2900万円
財団法人東京富士美術館	東京都八王子市	美術館の運営	1985年12月	12億1500万円
財団法人公明文化協会	新宿区大京町	公明党の指定政治資金団体	1987年10月	2億9440万円

カリスマの潰えた野望

池田大作「ノーベル平和賞受賞」工作の軌跡

日本国内で
多くの批判を浴びてきた池田大作は、
ならば海外でと、
本気で平和賞の受賞を狙っていた。

広岡裕児｜フランス在住ジャーナリスト

日本で評価されない反動

第2次大戦後、進駐軍の兵士と結婚した日本女性が夫についてアメリカに渡った。そのなかには、朝な夕なに「南無妙法蓮華経」とお題目を熱心に唱える者もいた。彼女たちは細々と座談会と折伏を続けていった。

１９６０年３月、池田大作が第三代会長に就任する。

その年の10月、池田は後に第四代会長となる北條浩や第五代会長となる秋谷栄之助らを引き連れてアメリカに渡った。

「だが、そのとき彼らを迎えた各地の信者は、まだ微々たるものであった。たとえば、ハワイのホノルル空港に出迎えた各地の信者は、わずかに三〇名ほどであった。それがこの地の全会員であった」（『海を渡った日本宗教』井上順孝、弘文堂刊）

池田らはハワイからアメリカ本土に渡り、信者の組織化やアメリカ総本部の立ち上げを進めていった。

このアメリカ旅行で、池田は終生抱きつづけた野望の原点ともいうべき体験をする。国連訪問である。

「（その記憶は）今なお鮮明であります。当時は、ハマーショルド総長の時代で、国連本部では折しも、アメリカのアイゼンハワー大統領やソ連のフルシチョフ首相をはじめ、世界各国の首脳が数多く出席した、第15回国連総会が行われておりました。

本会議や委員会の議事を傍聴する中で、私の胸に深く残ったのは、独立してまもないアフリカ諸国の代表が、生き生きと討議に参加している姿であります」

と後に池田は述べている（2006年8月30日、池田の国連提言「世界が期待する国連たれ」より）。

もっとも、〝訪問〟とはいっても、いわば一観光客として国連を見学しただけだったのだが。

初の国連訪問から10年ほどして、池田・創価学会に大きな転機が訪れる。

ひとつは、69年に起こった言論出版妨害事件である。藤原弘達の学会批判本『創価学会を斬る』の出版を妨害したことなどで、池田大作と創価学会、公明党が社会的な批判にさらされた。

学会事情に詳しいジャーナリストの段勲は、この事件と池田の海外進出の関係についてこう指摘している。

「『言論出版妨害事件』が沈静化すると池田大作の目は海外に向けられた。『SGI』（注：創価学会インタナショナル）の組織作りに励む一方で、海外の要人を尋ねて、盛んに渡航を開始したのである」（『フォーラム21』03年2月1日号）

もうひとつの転機は、72年10月に日蓮正宗の大石寺（静岡県富士宮市）で創価学会が進めた「正本堂」建設のための寄付の呼びかけに、学会員から350億円を超える莫大なカネが集まったことである。池田にとっても予想外の金額で、創価学会の持つ潜在的な資金収集力を、あらためて思い知らされることになった。

日本国内での批判と破格の動員力、そして豊富な資金――これらの要素がからみ合い、国連へのアプローチに拍車がかかっていく。

正本堂完成後から半年もたたない73年2月には、ベトナム難民救援、6月には、ビアフラ難民救援と立て続けに募金活動を行なった。また、核廃絶1000万人署名を集め、それを提出するという名目で、75年、池田は国連のワルトハイム総長との面会に成功。82年には、ニューヨークの国連本部で「核兵器――現代世界の脅威」展を開催（その後、世界25都市を巡回）。そして83年には、「国連平和賞」を受賞している。

面白いことに、「国連平和賞」受賞の事実について、SGIは積極的な宣伝は行なっていない。英語のSGIオフィシャルサイトや英国SGI、アメリカSGIなどのサイトをのぞいても、池田大作の経歴紹介の中にさえ出てこないのだ。日本国内での喧伝ぶりとは、あまりにも落差が大きい。

「国連平和賞」（国連平和メダル）は、実は結構乱発されている。たとえば、創価学会とともに95年のフランス「国会報告書」（後述）で有害カルトにリストアップされたサハジャヨガの教祖シュリマタジでさえ受賞しているのだ。

◆明石国連事務次長から国連平和賞の記念メダルを贈られる池田大作名誉会長（共同）

ちなみに池田は、89年に国連難民高等弁務官事務所から「人道賞」を受けているが、これはネルソン・マンデラなどが受賞した国連総会の決議にもとづいて創設された権威のある「国連人権賞」とは別物である。

ノーベル平和賞取りの工作資金

ところで、写真週刊誌『FRIDAY』10年12月10日号は、ルノワールの絵画を介した創価学会の使途不明金事件に関与した陶磁器店「立花」の役員、立花玲子が「（取引は）創価学会の裏ガネ作りを目的としたもの。行方不明の3億円は八尋副会長に渡り、池田氏のノーベル平和賞取りの工作資金だった」と告白しているテープの存在について記事にしている。

この「ルノワール事件」が起ったのは89年のことだった。その年の5月から6月にかけて、池田大作はヨーロッパを歴訪し、英国ではアン王女、サッチャー首相と、フランスでは大統領官邸でミッテラン大統領と会談した。パリでは大統領夫人の財団と創価学会およびフランス革命200周年記念行事実行委員会共催のコンサートも開かれている（報道によればコンサート直後に当時のレートで約630万円、3カ月後に約370万円が創価学会から、大統領夫人の財団に寄付された）。

そしてノーベル賞の提唱者アルフレッド・ノーベルの母国スウェーデンにも足をのばし、グスタフ国王、カールソン首相と会談。国王と王妃は、国立東洋美術館で開かれた「自然との対話」と題した池田大作写真展のオープニングにも出席している。

創価学会は海外において、こうした池田がらみの〝イベント〟をどのように仕込んでいるのだろうか？

まず直接アプローチするのではなく、ターゲットとする分野の有力者をシンパにし、彼らを「トロイの木馬」としてワンクッションを置いたうえ、政界や経済界などに働きかけるのが一般的だ。「トロイの木馬」は、なにも信者である必要はない。むしろ、そうでないほうがかえって世間の信用を得られやすい。視点を変えてみれば、この工作は折伏、つまり布教とは別の次元にあるといえる。

たとえば、国連における「トロイの木馬」の一人が、後に公明党の推薦を受けて東京都知事選に立候補した幹部職員、明石康である。明石が、カンボジア暫定統治機構事務総長特別代表に就任（92年）した際、学会青年部が隣近所をまわって何十万個もの使い古しのラジオを集めて送った。彼の地で選挙が円滑に実施されるよう、国民にメッセージを届けるためにラジオの配布が必要になったからだ。

創価学会から破門された元弁護士の山崎正友によれば、池田はこの見返りとして、明石からノーベル賞獲得に向けてできるかぎり協力するという約束を取りつけたという（『池田大作 日本経済乗っ取りの野望』「自由の砦」編集局）。

こうした外交・政治ルートが、ノーベル平和賞受賞工作に使われてきたことは、想像にかたくない。

ノーベル平和賞受賞者への接近

物理学、化学、生理学医学、文学、経済学5分野のノーベル賞は、スウェーデン王立科学アカデミーなどが審査を行なうが、ノーベル平和賞だけは、ノルウエー・ノーベル委員会の5人の委員が密室審議のうえで、毎年受賞者を決定している。

　候補者に選ばれるためには、当該国の閣僚や国会議員、裁判官、著名学者らの推薦状を選考委員会に送り、同時に世界各国の著名な政治家、学者、国際司法裁判所裁判官、過去の平和賞受賞者からの支持の多数の手紙を、委員会に送らなければならない。

　5人の委員は「世界中から集まった候補者の推薦文、手紙、著書などを考慮しながら、ノーベル研究所所属のアドバイザーの助けを借り、独自の調査方法で40～50人の候補者を次第に絞っていく」（浜田和幸『ノーベル平和賞の虚構』宝島社刊）。

　こうした仕組みを知ると、これまで池田が仕掛けてきた無定見にも見えるノーベル平和賞受賞者との面談も、案外、理にかなった戦略なのかもしれない。

　ライナス・ポーリング（化学者で核実験反対運動活動家、62年受賞）、ヘンリー・キッシンジャー（政治家、73年受賞）、ベティ・ウィリアムズ（北アイルランド平和活動家、76年受賞）、アドルフォ・ペレス・エスキベル（アルゼンチン平和活動家、80年受賞）、エリ・ヴィーゼル（ユダヤ人作家、86年受賞）、オスカル・アリアス・サンチェス（コスタリカ大統領、87年受賞）、ミハイル・ゴルバチョフ（元ソ連大統領、90年受賞）、ネルソン・マンデラ（南アフリカ大統領、93年受賞）、ジョセフ・ロートブラット（平和活動家、95年受賞）……。

　まさになりふりかまわず、手当たり次第にノーベル平和賞受賞者に接近してきた。

　このほか05年にノーベル平和賞を受賞した国際原子力機関（ＩＡＥＡ）にも接近、同じく平和受賞者である同機関のモハメド・エルバラダイ事務総長に創価大学の名誉博士号を与えている。

　さらに、もっと込みいった手も使ってきた。

　アメリカの数少ない黒人名門大学モアハウス大学が、01年に「ガンジー・キング・イケダ平和賞」を創設し、「ガンジー・キング・イケダ展」の巡回展示を始めた。形式上、創価学会はあくまでもスポンサーのひとつにしかすぎないとされている。だが翌02年になると、さっそくノーベル賞の創設者アルフレッド・ノーベルの曾甥、マイケル・ノーベルに自前の平和賞を与えているのだ。

　各国著名人との歯の浮くような対談集（もっとも外国語に翻訳されると随分締まった内容になる）も、創価大学名誉博士号や賞の乱発も、池田自身が受けた３００に及ぶ名誉市民や名誉博士号も、ノーベル平和賞取りには少しは役立ってきたのかもしれない。

ＳＧＩは池田の広告代理店か？

　創価学会の海外進出は、公式にはあくまでも布教活動が目的だった。だが、財務（学会員からのお布施）が慣例化され、創価学会の資金力が飛躍的に拡大してからは、池田大作本人を人道主義者、平和主義者として売り込むことにシフトしていったといえるだろう。

　たとえば、先ほど紹介した〝国連提言〟でも、主語は創価学会ではなく、あくまでも「私」であり、池田大作の提言とされている。

　その意味で、75年1月に創価学会インタナショナル（ＳＧＩ）が結成された意義は大きい。

　ＳＧＩは単なる創価学会の国際部と見られがちだが、「軽視してはならない」とある学会ウォッチャーは言う。

「池田がトップに君臨する直属組織であることを忘れてはなりません。外国の信者は、SGIを通じて直接池田に結びついている。まさに池田による池田のための組織です。しかも、当初看板にしていた日蓮正宗との関係が悪化しても、万が一何らかの理由で日本の創価学会が解散しても、SGIは進出国の最高指導者との関係を維持でき、池田の勢力は温存されるのです」

海外進出に際して、SGIの名前が頻繁に使われるようになったのは83年ごろからだ。非宗教的な響きのあるSGI（直訳すれば国際価値創造学会）は、宗教と距離を置いた「人道・平和団体」という印象を外部に対して与えてきた。海外進出が、布教から池田の称揚にますますシフトした証《あかし》といえよう。そして、その先にはノーベル平和賞の受賞という目的があったのだ。

しかし皮肉なことに、人道平和運動の強力な推進が、逆にノーベル平和賞取りにブレーキをかける事態が池田を襲っている。

舞台はフランス。文化の国、ナポレオンの国として池田が賞賛してやまない国であり、SGIのヨーロッパ布教の拠点で、それは起こったのだ。

フランスでの予期せぬ〝反発〟

91年春、パリ郊外のヴィクトル・ユゴー文学記念館の開館式にあわせた池田大作の訪問が予定されていた。その準備に忙殺されていたフランスの学会員に、驚愕のニュースが飛び込んできた。

「エソンヌ県サクレーの原子力エネルギーセンターのエンジニアが創価学会に加入した。前からこの団体に目をつけていたDGSE（国防省対外安全保障総局）は簡単な調査をした。驚くことに数人のエンジニアや技術者——5人といわれる——がこの仏教組織に加入している。なかには『防衛機密』に触れる者もいる。内部浸透の試みにきわめて近いものである」（週刊誌『レベヌマン・デュ・ジュディ』91年4月18日号）

実はそれ以前にも、似たような記事がエソンヌ県の新聞に出ていたことがある。だが、あくまでも一地方紙の話題でしかないため、反響はなかった。しかし今度は大手の週刊誌に書かれたのだ。これをきっかけに、「ルノワール事件」や脱税疑惑さらには言論弾圧事件、そしてフランス国内のマインドコントロール被害まで、全国規模の新聞、雑誌、テレビで創価学会の実態が大きく報道されることになってしまったのだ。

DGSEは、フランスの諜報組織のひとつである。前述の週刊誌記事によると、創価学会の施設が超機密の原子力関係施設の近くにあるというので、もうひとつの諜報機関DST（国土監視局）もマークしていたという。当時の様子を知るフランスの消息筋が次のように語る。

「彼らは個人的な関係を使って内部協力者を作り、中性子爆弾についての情報を狙いました。当時SGIは、核廃絶運動を盛んに行なっていたため、池田に盲従する一部の学会員の間で『平和』『反核』が絶対の信念になり、一線を越えてしまったのです」

フランスでは、学会員であるパリの現職警官が、敵対関係にあった日蓮正宗（91年に創価学会を破門）僧侶の個人情報に不法アクセスをしたことが発覚し、有罪判決を受けたこともある。

この事件でも、「自主的」に「良かれと思って」行動したのだという。

とはいえ、いくらなんでも「創価学会がスパイ行為」とはにわかには信じがたいのだが……。

いずれにしろ、91年6月、池田は予定通りに訪仏した。だが、ミッテラン大統領との再会は直前に中止されてしまい、政財界の要人が一堂に会する一大イベントになるはずだった文学記念館開館式にも招待者が誰も来ず、かわりに押し寄せたのは、現地マスコミのカメラマンだった。池田の姿を撮影しようとする彼らと、妨害しようとする信者との間でもみ合いが起こり、惨憺《さんたん》たる状況になってしまった。

◆日本で開かれた「大ナポレオン展」でナポレオンの子孫を案内

失態を演じたフランス創価学会は、マスコミ相手に名誉毀損訴訟を連発。その裁判では、元駐仏日本大使が創価学会を弁護する書面を提出している。

それにもかかわらず、創価学会は、95年と99年の2回、『国民議会特別委員会報告書』に有害カルト（フランス語でセクト）としてリストアップされてしまったのである。

あれは日本の大統領か？

80年代中ごろのある晩、パリ中心部の最高級ホテル「リッツ」の前で、通りがかりのフランス人から「あれは日本の大統領か？」と聞かれたことがある。指をさす方向を見上げると、2階にある最高のスイートルームのベランダで、手を振っている池田大作の姿があった。

やがて、黒塗りの大型リムジンが「リッツ」の玄関に横づけされ、その前後に信者の運転する車が並んだ。池田がそそくさと乗り込んで出発したのだが、公式車列ではない悲しさか、最初の信号で池田の車が停止し、列を分断された前方の車は、はるか彼方に消えてしまった。

池田はついに日本の「大統領」にはなれなかった。ノーベル平和賞もまた夢に終わるのか。いや、まだ幕は下りていない。総力かけて乾坤一擲の大逆転を狙っているのか。しかしその身体には、もはや余力が残っていないのではないか……。

●金満教祖のルーツ「関西創価学会」の裏面史

池田大作をトップに君臨させた高利貸し時代の営業力とカネ

森功　ジャーナリスト

西成の花園旅館で大阪支部の旗をあげた池田は、高利貸しの大蔵商事で培った営業力を宗教や政治の世界でもいかんなく発揮していった。創価学会の〝聖地〟大阪に〝池田教〟のルーツを探る。

橋下徹にすがってでも勝ちたい関西公明党

創価学会では毎年2月1日を「関西の日」と呼ぶ風習がある。その由来は、まだ戦後の匂いの残った昭和27（1952）年に遡る。この年の2月1日、大阪市西成区の花園町にある「花園旅館」で、創価学会大阪支部が産声をあげた。西成地域は関西における創価学会発祥の地であり、政治活動もここからスタートしている。そんな深いかかわりは、今にいたるまで連綿と続き、政治や行政と密接に絡み合っている。池田大作率いる創価学会の活動において、多くの幹部たちが最も重要な拠点と位置付ける特別な場所である。

「公明党は先の消費増税法案を巡る民主、自民、公明の三党連立よりずっと前から、来る解散総選挙をにらんで着実に準備を整えています。その最も大きな動きの一つが橋下（徹）市長の大阪維新の会との連携です」

大阪の選挙事情について、大阪在住の公明党関係者が打ち明ける。

「昨年の大阪府知事、大阪市長のダブル選挙後、民主、自民とも次期総選挙における橋下人気に恐れをなし、維新の会にすり寄っていますけど、すでに公明は選挙協力の約束ができている。総選挙では、公明の出る小選挙区に維新が対抗馬を出さないよう、双方の取り決めができています。前回の衆院選では、公明党の結党以来初めてといえるほど、民主に惨敗しました。創価学会にとって大阪は聖地ですから、それを取り返さなければならないと必死なのです」

公明党と大阪維新の会による選挙協力体制の象徴が大阪市議会だ。そこには、関西創価学会発祥の地である西成地区との縁もある。公明党関係者が続ける。

「橋下さんは大阪都構想のなかで、西成特区をぶち上げ、大阪市議会で西成出身の辻（淳子）いう女性の大阪市会議員を議長に据えた。ほんで一方の公明党は小玉（隆子）を副議長として出して連携を図っています。だから議会は維新、公明の運営で安定してる。それはもちろん衆院の選挙を控えているから。当初は七月投票を想定していた。延びたら準備を整えられるので儲けもんやけど、この1年以内には間違いなく解散がある。これで大阪の議席は守れるという体制を整えているのです。それだけ創価学会にとって、大阪は大事なんですわ」

池田大作の〝ルーツ〟は西成あいりん地区

日雇い労働者の町である西成のあいりん地区は、橋下徹の西成特区構想や生活保護問題でもクローズアップされた。かつての花園旅館はそのあいりん地区に隣接していた。

「昭和27年2月当時、大阪にはまだ創価学会員が一人もいませんでした。そこで初代大阪支部長になったのが、白木義一郎さんでした。プロ野球のセネターズ（注：のちの東急フライヤーズ、

◆関西公明党がすり寄った「大阪維新の会」の橋下徹（共同）

現日本ハムファイターズ）のピッチャーとして活躍した白木さんが、肩を傷めて阪急ブレーブスにトレードになった年です」

関西在住の古参創価学会幹部がそう振り返る。

「学会内で関西の日と呼ばれる2月1日は、その阪急のキャンプインの日ですねん。白木義一郎さんのお父さんは、初代創価学会の会長である牧口常三郎さん時代からの数少ない幹部だったんですけど、本人は若い頃、学会に対するアレルギーが強かった。プロ野球界に入ってからも学会に反発して入信せなんだんです。けど、肩を傷めて阪急にトレードに出されるのがよほど堪《こた》えたんでしょう。日蓮正宗に帰依《きえ》するようになり、学会活動も熱心になった。それで、二代会長の戸田城聖先生にトレードの件を報告したところ、戸田先生が、『大阪に行くならいい機会だ、君を支部長心得にするから、折伏《しゃくぶく》して向こうで信者を増やせ』と命じたんです」

◆池田大作の手腕に目をつけた戸田城聖第二代会長

白木義一郎は1919年9月20日、東京蒲田に生まれる。慶應義塾大学のエースピッチャーとして鳴らし、終戦の翌46年にセネターズ入りし、いきなり30勝をあげスターになる。プロ野球選手初の国会議員としても有名だ。

もっとも1年目の負け数も22あった。そんな当時の無理な登板が肩を傷める原因になったのかもしれない。そうして熱心な創価学会員となる。

大阪に移住した白木が、創価学会を広めるために拠点にしたのがほかでもない、西成の花園旅館だったのである。ちなみに白木は池田大作夫人である香峯子の旧姓だが、義一郎と池田夫人はいとこ同士にあたる。

「池田先生にしてみたら、すでに白木さんは身内のようなものだったのかもしれません。その白木さんのお目付け役として、戸田先生が大阪に送り込んだのが、池田名誉会長でした。信者の折伏となれば、泊まるところや集まる場所、座談会ができるところが必要になる。それができる旅館を押さえ、いうんで、陣取ったのが花園旅館でした。そうして花園旅館に池田先生をはじめ数人の幹部が集結し、関西創価学会の基礎を築いていった。と同時に、政治活動も行ない、国会や府市議会に議員を送り込んだのです」（前出、古参幹部）

関西創価学会発祥の地となった花園旅館は、あいりん地区に沿って南北に走る南海本線の脇にあった。現在のスーパー、イズミヤ本店の隣に位置する。近くには、日雇い労働者やホームレスがたむろするあいりん地区の三角公園もある。

その木造旅館の大広間を借り切り、若き日の池田大作たちが日蓮正宗の曼荼羅を拝んだ。花園旅館は創価学会の信者折伏のため、作戦を練った場所である。

28年生まれの池田はまだ24歳。白木より9つ下だ。高利貸しの大蔵商事の営業部長として頭角を現し、二代目会長の戸田城聖の黒子役として奔走していた時期にあたるが、創価学会内では青年部の第一部長に過ぎない。三代目会長どころか、まだまだ組織内では認められてはいなかったという。

「池田先生が戸田先生に『これからこの創価学会は東日本だけでは駄目やから西の拠点をつくりましょう』と提案したのが大阪支部づくりだといわれています。大阪を押さえたら西日本は制覇できるいう話になり、そこへ白木さんの大阪行きがきまった。白木さんのいとこである香峯子さんと池田先生が付き合っていたこともあり、白羽の矢が立ったのだと思います。花園旅館で寝泊まりしながら、東京の応援部隊といっしょに数人で西成地域の住人リストを作成し、名簿を持って折伏して回ったといいます。そうして池田先生は実績をあげた。だから今も創価学会にとって大阪は聖地であり、西成は聖地の中の聖地なのです」

と先の古参幹部。創価学会大阪支部の旗揚げから2カ月後の5月3日、池田大作は香峯子と結婚。池田自身、大阪での信者獲得や政治活動により、創価学会内での存在感を増していったという。池田たちが広い大阪で、広宣流布の狙いを西成地区に絞ったのにはそれなりの理由もある。

「西成には日雇い労働者だけやのうて、わけありの人がぎょうさん集まって来ていた。貧しい人も多い。それは折伏の狙い目でもあるんです。〝貧・病・争〟、つまり貧乏、病気、家庭内の争いを抱える人は悩みがあるので、宗教にすがる傾向があります。東京などでも下町に学会員が多いように、折伏しやすかったんや思います」（同、古参幹部）

内部闘争に勝利した戸田―池田コンビ

もとはといえば創価学会は、小学校の校長だった牧口常三郎により創価教育学会として創設された。牧口が戦前、戦中の教育弾圧を受け、治安維持法違反の罪で二代目創価学会会長になる戸田城聖とともに獄につながれた。それゆえ創価学会は常に教育の独立を訴えてきた。今度の大阪維新の会との連携の過程で、橋下の軍門に下ったが、日の丸君が代教育に反対してきたのは、そうした歴史的な背景もある。

もっとも池田大作に影響を与えたのは、牧口ではなく二代目会長の戸田だとされる。戸田の事業意欲は知られたところだ。その腹心として池田大作は、宗教を広めるためには資金が必要だという考え方を継承した。

池田は49年1月、教育出版を手掛けた「日本正学館」に入社し、その後雑誌『冒険少年』の編集に携わったが、間もなく日本正学館は倒産。戸田は出版事業から金融業へと事業の足場を移した。それが「東京建設信用組合」だ。だが、これが大きな誤算だったという。先の古参幹部が説明する。

「戸田先生は、創価学会を広めるためには銭がいるという考えでした。なかでも資本主義では銀行（金融機関）を持たなあかん、と。そこへ49年、ちょうど中小の建設会社相手の東京建設信用組合が売りに出た。それでパッと買うたわけです。しかし、いかにも時期が悪かった。ちょうど50年6月に勃発した朝鮮戦争を前に、米国がドッジライン政策を断行し、日本の国債発行を止めるよう圧力をかけてきた。日本は超緊縮財政のなか、49年、50年と不況に陥っていきました。あげく東京建設信用組合は、貸し出し先の中小企業が軒並み不渡りを出して倒産し、融資が焦げ付いてしまいました。そうして50年1月には、買ったばかりの東京建設信用組合が破綻してまうんです。それを察知した戸田先生は創価学会の理事長を降りたんですが、それが学会分裂の火ダネにもなりました」

創価学会の前身である創価教育学会会長だった牧口常三郎は戦中の44年11月に獄中死し、理事長だった戸田城聖が終戦後にあとを引き継いだ。

しばらく会長ポスト空席のまま、理事長の戸田は創価学会と改称し、金融業に血道をあげるようになる。ところが、そんな矢先に買収した東京建設信用組合の破綻が確実になり、戸田が創価学会の理事長ポストから辞任せざるを得なくなったのである。

「その当時の法律では、他人の金を集めて融資する金融機関は破綻しただけで、経営者が刑事罰に問われた。戸田先生たちをはじめ、組合で働いていた学会員たちが犯罪者になる寸前やったんです。で、破綻した50年1月6日、戸田先生は逮捕覚悟で大蔵省に出頭した。すると学会の幹部たちは会社から逃げ出し、新しく創価学会の理事長になった矢島周平さんについた。池田先生だけが残って会社を立て直そうとしたんです」

しかし、事態は思わぬ方向に転がる。監督官庁の大蔵省では、東京建設信用組合の経営破綻について、債務返済を条件に刑事罰を問わなかった。この債務返済で役に立ったのが、戸田の手掛けたもう一つの貸金会社である大蔵商事だ。

「信用組合の破綻で、戸田先生や池田先生たちは、億単位の借金を抱えてしまった。その借金を返さないとお縄になる、とノンバンクの大蔵商事を設立したんです。戸田先生は顧問として表に立たない分、池田先生が大蔵商事の営業部長として、いったん矢島派に移った創価学会の流れを戸田、池田のコンビで巻き返そうと、大蔵商事で稼いでいったんです」（古参幹部）

大蔵商事は信用組合の破綻直後の50年10月に設立。創価学会の顧問弁護士だった山崎正友の告発手記などにも登場する貸金業者だ。創価学会の会員から集めた資金を高利で融資したり、中小企業相手に手形割引を行なって荒稼ぎしてきたとされる。折しも日本は50年5月に勃発した朝鮮戦争の特需に沸き、大蔵商事にも面白いように利益が転がり込んできた。

◆高利貸しとして敏腕を振るった若き日の池田大作

そうして戸田、池田コンビは51年5月、創価学会の内部闘争に勝利し、戸田は晴れて会長の座を射止める。それをサポートした池田が戸田の信頼を得ていったのはいうまでもない。関西在住の公明党関係者（前出）が振り返る。

「戸田会長はもっぱら事業を池田先生に任せ、日蓮正宗、創価学会の広宣流《こうせんる》布《ふ》、信者の獲得に全力をあげようとした。会長就任時、『学会は現在三千人しか会員がいないけど、私の死ぬまで七年で七十五万所帯にしてみせる。もし七十五万所帯の信者が達成できなかったら、葬式の代わりに品川の沖に骨を撒いてほしい』とまで公言しました。その信者獲得のため、ターゲットにしたのが同じ日蓮聖人が開祖の日蓮宗で、55年5月に小樽の日蓮宗妙龍寺の檀家を狙い、北海道に学会員を導入した小樽訪問などはその典型です。そして西の信者獲得で最も力を入れたのが大阪、拠点が西成の花園旅館だったんです」

高利貸しの営業力と選挙違反事件

50年代から60年代にかけ、創価学会内における戸田と池田の行動は目まぐるしい。戸田の命を受け、創価学会の大阪支部長になったプロ野球選手の白木義一郎は56年6月、第4回参議院議員選挙に立候補し、当選する。まだ創価学会は政党を持っていなかったため、無所属からの出馬だが、これが事実上、公明党議員の第一号でもあった。

白木は61年の公明政治連盟の結成や64年の公明党結党の立役者として、その名を刻んだ。党の副書記長や副委員長、中央統制委員長などの要職を歴任している。その白木をサポートしたのが、大蔵商事の営業部長だった池田大作なのは繰り返すまでもない。戸田の肝いりで、西成の花園旅館で大阪支部の旗をあげた池田は、高利貸しの大蔵商事で培った営業力を宗教や政治の世界でもいかんなく発揮していく。再び公明関係者（前出）が指摘する。

「56年の参院選時点で、まだ結成間もない学会の大阪支部は、信者が3万所帯もいませんでした。だが、当選するには21万票は獲得せなあかんかった。その票を獲得できたのは、白木義一郎いうプロ野球のスタータレント候補だったからでしょう。戸田先生や池田先生は、それを計算していたのでしょうけど、そこから大阪における学会の組織力が固まっていきました。以来、この前の09年の総選挙で民主党に大敗するまで、大阪における公明党の得票数は国政、地方統一選挙を含めて常にトップ。2位になったことすらなかったんです。池田先生をはじめ古手の学会幹部たちにとって、大阪、西成は公明発祥の地という意識もあり、絶対に負けられない地域だから、いつも熱が入るのです」

過去、関西で連戦連勝を重ねてきた創価学会・公明党にとって、白木の当選とは反対の意味で、大きな出来事があった。それが57年4月、西成地域を舞台にした「大阪事件」と呼ばれる選挙違反だ。

創価学会は、白木当選の勢いに乗り、この年に行なわれた参議院大阪地方区の補欠選挙で中尾辰義を擁立。中尾はあえなく落選したが、選挙期間中に創価学会員が、あいりん地区に住む日雇い労働者をタバコで買収したとして、摘発されるのである。大阪地検が、創価学会理事だった小泉隆や渉外部長だった池田など、47人を公職選挙法違反で逮捕。大阪事件は、創価学会の組織をあげて行なった選挙違反として、関係者の間で語り継がれるようになる。

このときの状況を知る創価学会幹部が

打ち明ける。

「白木さんと違い、学会が送り込んだ中尾辰義という人は知名度がなく、かなり無理しなければならなかった。結果も落選です。そのとき、東京からやって来た応援部隊があいりん地区でバーッと金を撒《ま》きよったわけです。タバコの中身を抜いて箱の中に札を入れてた。100円札とも500円札ともいわれました。この選挙違反で選挙参謀として陣頭指揮を執っていたとして個別訪問教唆で池田さんが引っ張られたわけです」

さらにこう続ける。

「ほんで、その金は一体どこから出てきたんやてなる。実は東京から動員された蒲田支部支部長の小泉(理事)さんたちの捜査で、その買収資金が大蔵商事から出てる、となった。まさしく池田先生のところからとなり、疑いが向けられたんです」

池田大作は戸田の腹心として大阪支部の立ち上げに成功し、タレント候補を使って選挙に勝つと同時に、選挙を通じて飛躍的に信者を伸ばしてきた。すでに次期会長の有力候補として日の出の勢いにあったといえる。そこに飛び出したのが大阪事件だ。

57年に始まった大阪事件の裁判は5年続き、62年1月25日に判決を迎える。その間、会長の戸田は池田らの無罪釈放を主張するが、初公判の翌58年に鬼籍に入る。すると、創価学会は反池田の勢力が盛り返し、またも分裂の危機に瀕した。

創価学会次期会長候補レースは、理事の石田次男と池田の争いになる。それを決する大きな要因が、大阪事件の裁判の成り行きだ。そのせいで2年ものあいだ、創価学会の会長は不在になる。裁判を傍聴してきたという東京の創価学会員が指摘する。

「石田さんは池田さんより年上で、創価学会の理事や参議院議員を務めた。対する池田さんは、当時まだ総務担当の部長どまり。石田さんを中心に、刑事被告人が宗教法人の会長になれるんか、という批判が集まりました。実際、宗教法人法によると、有罪の確定した者は宗教法人の役員にはなれません。そうして内部闘争を繰り広げたんです」

創価学会が空中分解していた!?

ところが、大阪事件の判決を前にした60年、なぜか池田が三代目会長のイスに座ることになる。前出の在京の学会員が、その理由を明かす。

「公判の中で裁判長が、逮捕した関係者の取り調べ調書があまりに出来過ぎている、と捜査に疑義を差し挟んでいったのです。釈放するから認めろという誘導尋問ではないか、という疑いが浮上したんです。そうして検察側の旗色が悪くなっていくと同時に、池田さんが反撃に転じていきました。被告人として裁判があるごとに大阪へ下る。その都度、大阪の学会活動に力を入れ、信者を増やしていきました。次第に大阪では東京に対抗する意識が強まり、ますます池田人気が高まっていったのです。そうして大阪を中心に池田派の勢力が大きくなり、会長に就任できたんです」

◆東京の日大講堂で開かれた公明党結成大会（1964年）

すでに途中から裁判の成り行きが見えていたせいかもしれない。最終的に62年1月に大阪地裁で無罪の判決、2月には検察側が控訴を断念した。結果、名実ともに池田大作が創価学会の頂点に君臨し、現在にいたっているのである。

しかし仮に、この西成の大阪事件が反対の展開になっていたら、事態はまったく変わっていたに違いない。創価学会はその後、池田教になるどころか、空中分解していた可能性もある。再び公判を傍聴してきた学会員の話。

「判決前の最終弁論に立った池田さんは、無罪を確信していたのかもしれません。『宗教団体が選挙運動するのは国民に与えられた権利ではないか』とまで述べていました。その判決があった翌日の1月26日、本部幹部会で公明政治連盟の結成を発表しました。そこから本格的に政治に乗り出したのです」

創価学会が三代目会長・池田大作のカリスマ性により、今日の隆盛を築いてきたのは論をまたない。だがその実、常に分裂の危険をはらんだ内部抗争を繰り広げてきた。

その池田創価学会の原点が大阪西成にあるといっても過言ではない。創価学会と公明党による政教一致問題も、ここから始まっている。彼らにとって絶対に負けられない選挙区だとする理由は、そのあたりに由来する。

ところが昨今、強固な地盤を誇り、連戦連勝を重ねてきたその創価学会選挙にも、陰りが見え始めている。なりふり構わず、橋下徹詣でを重ね、大阪維新の会に選挙協力を取り付けたのは、もはや単独では選挙に勝てない証左でもある。大阪は日本の近未来が現れている縮図だといわれるが、それは創価学会にとってもあてはまるかもしれない。かつて西成の花園旅館で生まれた池田創価学会は、予想以上に急速にその威勢を失いつつある。（文中敬称略）

PART 4

池田大作なき後の日本支配

●「東大法華経研究会」OBの進路実態

財務省・経産省・外務省……日本の中枢に学会エリートはどれだけ浸透したか？

談＝福本潤一｜元公明党副幹事長・元参議院議員

取材・執筆＝石井謙一郎｜フリーライター

池田大作の「天下盗り」のため、各界に送り込まれた学会員。その触手は権力の中枢にまで及んだ。学会と決別した福本潤一氏が実態を明かす。

すべては池田大作の「天下盗り」のために

「学会員が官庁など公的権力の中枢にどのくらい食い込んでいるか、実態が見えにくい。その物差しとして、東大法華経研究会がある」

と語るのは、元公明党副幹事長（元参議院議員）を務めた福本潤一氏（63）。福本氏は東大農学部卒業後に大学院を修了し、愛媛大学助教授を経て、1995年から2007年まで公明党参議院議員（比例区）を2期務めた。

昭和40年代に言論出版妨害事件で社会から厳しく叩かれた創価学会は、池田大作会長（現在、名誉会長）の指示の下、「総体革命」という新しい戦略に邁進し始める。公明党の議席を伸ばすだけでは国の支配にまで至らないと考え、優秀な若い学会員を選んでエリートとして養成し、官界や法曹界など国の中枢へ送り込む。そうやって、より完全な「天下盗り」を図ろうと目論んだのだ。立法、司法、行政三権への侵入である。

具体的には、国家公務員上級試験や外交官試験に合格させて大蔵省や通産省、外務省など主要官庁の重要なポストを占めさせる。司法試験の合格者を増やして裁判官、検察官、弁護士に就かせる。加えて、経済界や教育界、マスコミなどへも多くの学会員を浸透させようとした。

大学生を統轄する「**学生部**」の中に、優秀な学生を国家試験に合格させるために徹底して指導する「**法学委員会**」という特別組織が作られた。創価大学には特別に、「**国家試験研究室**」が設けられた。

一方で学会には、これ以前から〝エリート養成組織〟があった。それが最高学府・東京大学の「**東大法華経研究会**」だ。

この会の発足は53年春。学会第二代会長の戸田城聖が、4人の東大生に法華経の講義をしたのが始まりだ。このときの4人は、のちに学会理事長や公明党代議士になっている。

福本氏が、広島県の私立修道高校から東大に入学したのは、68年のことだった。

「学会に入信して『法華経研究会』の会員となったのは、その年の10月です。斉藤SGI教学部長が同期で、（次期会長候補の）谷川佳樹氏らは、後輩です。

東大の駒場寮には、会の部屋が10室くらいあった。8人用の部屋に4人で住みました。多くの会員が下宿から移りましたので、当時の駒場寮では、民青（日本民主青年同盟＝日本共産党の関連組織）などよりはるかに大きな勢力でした。12畳くらいの仏間も作って、学会本部でも話題になっていたほどです。

寮生活で連帯感を高め、信仰生活を鍛えようというのは、その後も続く会の方針だったんです」

福本氏が入会したときは、30人くらいの会員がいたという。学会本部で東大の指導に当たっていたのは、原田稔学生部長（現・第六代会長）。京都大学にも同じような組織があって、こちらは野崎勲男子部長（のちに副会長・聖教新聞主筆・故人）が指導していた。池田会長が、この2人を競わせていた。

70年安保を控えて学生運動が盛んな時代、人数を集めて勢力を確保することは大切だった。本部からも多くの会員を獲得するよう指示が出て、文科系と理科系のダミーサークルを作ることになった。文科系は「**東洋思想研究会**」。福本氏らが作ったのは理科系のサークルで、「**海洋開発研究会**」。

「海底遺跡や地震予知で有名になった木村政昭氏（現・琉球大学名誉教授）を

◆07年に公明党を離党した元参議院議員の福本氏。『創価学会 公明党「カネと品位」』などの著書がある（共同）

会長にして、僕は副会長。このサークルはスキューバダイビングのメッカとなった一方、映画『日本沈没』の監修をした東大海洋研究所の奈須紀幸所長を顧問教官に頼んで、学術的な活動もやっていました。谷川氏は、『信仰するために駒場寮に入ったのに、なんで海洋研……』と不思議がっていましたが。『海洋研究会』なのに部室からは毎日2時間もお題目が聞こえるものだから、まわりからは『海坊主』と呼ばれたりしていました（笑）」

　東大生は2年生まで駒場の教養学部で過ごし、3年生から本郷へ移る。当時は東大紛争中で、68年入学組の中から、本郷へ行かずに駒場に残って後輩の指導に当たるメンバーを選ぶことになった。福本氏と、いま創価大学文学部の教授になっている宮田幸一氏が残り、2人は教養で4年間を過ごした。

　会員を増やすため、福本氏らは高校生の受験指導も始めた。各自が帰省したとき、地元の学会の責任者に成績優秀な高校生を集めてもらい、合格必勝法を教えた。さらに『受験戦線』という雑誌まで独自に作り、受験生に配っていった。

「学会員の東大受験生を毎年２５０人くらい掌握し、駒場寮の仏間に名前を書いて合格祈願をしました。そのうち合格するのは、30名から35名といったところです。

　68年に開校したばかりの創価高校生に対しては、ひとりずつ合格責任者を任命して面倒を見た。ほとんどの卒業生は創価大学へ進んだが、一期3名二期7名が東大に合格してきました。彼らはその後、東工大教授、弁護士や通産官僚になっています」

官僚が全体の5%、検事は１０００人中１００人

　こうした熱心な勧誘活動の結果、法華経研究会のメンバーは最盛期の76年ごろには４００名を数えたという。

「会の自由度は高かったし、おかしいことをおかしいと言える雰囲気もありました。『学会を飛び出したっていい。批判者として歯向かうことをしなければいいんだ』という話を、実際に聞いていました。学会の組織の中では池田先生に狂信的な婦人部とは対極にあるのが、東大法華経研究会だったと思う。

　人数が増えれば、『お前は学会の活動より勉強をしっかりやれ』という余裕も生まれます。あのころは、『大学院へ行ったり、留年してでも学生部在籍期間を長くしろ』という指示もあったんです。また、学会員は学界に進出していないということで、同窓生には学者や大学の教員になった人間がけっこう多い。東洋哲学の東大教授もいるし、東大からよその大学へ行った教授もいます。

　しかし、東大生の一番のメリットは中央官庁に入りやすいことですから、

どのメンバーも自然と官僚志向になっていきます」

本誌は、東大法華経研究会の当時の名簿を入手した。そこから卒業生の進路を割合別に見ると――。

・**大学教官　10％（うち1％が東大）**
・**弁護士・検事・判事　5％（弁護士の1％がのちに政治家へ転身）**
・**医者　5％（うち1％が東大の医学者）**
・**官僚　5％（うち1％が大蔵省。また、1％がのちに政治家へ転身）**
・**学会本部職員　5％**
・**民間（商社、建設、マスコミなど）70％（のちに県会議員などへの転身も）**

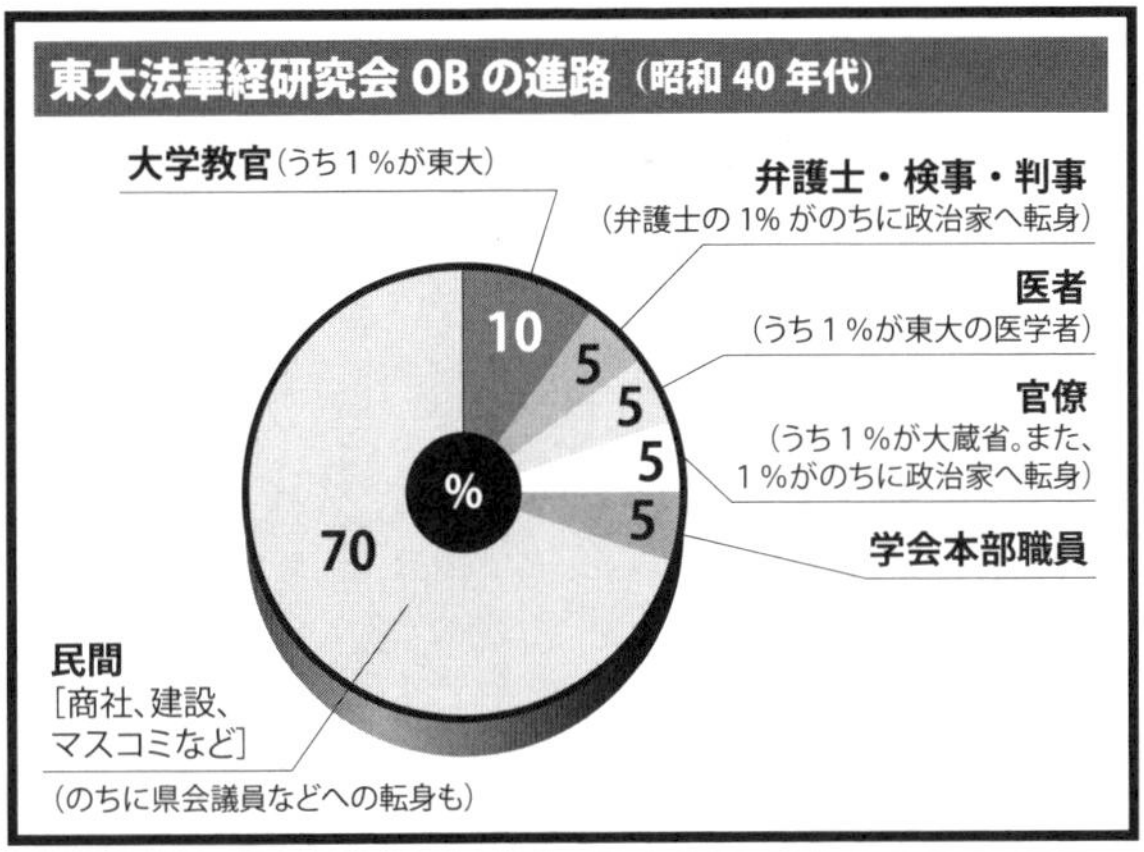

「私は議員時代、農林省、環境庁、建設省を中心に国会で質疑をしましたが、答弁に出てきた局長がかつての法華経研究会のメンバーで、『あ、あいつ、局長になったのか』ということが3回くらいあった。彼らは、答弁が終わったら挨拶に来ましたよ。周りの人たちにはわからないけれども」

福本氏によれば、学会員の事務次官はまだ出ていないが、局長クラスは、当時の経済企画庁や環境庁などに何人かいた。自治省からの出向で副知事を務めた官僚も、数人いるという。

「総体革命」は、どのくらいの成果を上げたのか？　のちに創価大学法学部長となる桐ヶ谷章弁護士が76年春に池田会長に宛てた報告書には、具体的な人数が書かれている。

・**弁護士33名**
・**検事18名**
・**判事3名**
・**修習生16名**
・**国家公務員上級職36名**
・**外交官上級職9名**
・**同中級職8名**
・**語研18名**

内部報告書で発覚した“要職者”の数（1976年）

肩書	数
弁護士	33名
検事	18名
判事	3名
修習生	16名
国家公務員上級職	36名
外交官上級職	9名
同中級職	8名
語研	18名

さらに、「**今後5年間で現在の倍増、10年間で現在の4倍に達すること、検事は各都道府県に1人、10年後には2人配置できる人数となる。国家公務員は各省庁に、外交官は各国に配置できるようにしていく**」と目標が記されていた。

昨年、創価学会の学術部員でもある国立・香川大学の高倉良一教授が、人権侵害を受けたとして池田名誉会長や原田稔会長ら学会幹部に対して損害賠償請求訴訟を起こした。その経過の中で高倉教授の代理人を務める元大阪高裁判事の生田暉雄弁護士は、法曹界における現在の学会員の割合について、こう言っている。

「**全国の検事およそ1000人中、100人。同じく地方判事1000人中、100人。弁護士は少ないが、全国の2万人中300人以上いる**」

法曹界だけに限っても、この40年ほどの間に相当に浸透が進んでいる様子が窺える。

彼らはそれぞれの職場で、学会員の組織を作る。検事の「**自然友の会**」や「**天空会**」、弁護士の「**カーネーションクラブ**」「**旭日グループ**」、外務省の「**大鳳《おおとり》会**」はよく知られている。

「学会にとって霞が関の官庁は、外務省とそれ以外に大きく分かれます。外務省の『大鳳会』は、文化交流部長やインド大使などを務めた榎泰邦さんの下に、いま代議士になっている遠藤乙彦がつき、この2人が中心になってまとめていました。榎さんは東大法学部出身です。

外務省以外の官庁をすべて取りまとめる責任者もいました。私が議員だったころは、修道高校・東大の先輩に当たる建設省出身のKさんという人です。初当選したとき、挨拶に来てこう言いました。

『僕は官僚の責任者をやってる。福本君、困ったことがあったとき、官僚との連携は僕を通してやってくれればいいから』

東大だけでなく、京大や九大など国立大学出身の学会員の官僚をまとめていた。外務省の榎や遠藤は有名だけど、このKさんのことはあまり知られていないかもしれません」

外務省、JICAに学会員が集中する訳

外務省だけ別格なのには、理由がある。ひとつは職員の人数が多いこと。在外公館の現地採用職員を含めると、300人以上の学会員がいるといわれている。

「地方公務員と外務省は入りやすかったんです。かつて外務省には上級職、中級職、初級職のほかに、語学の専門職や現地採用という枠があった。外務省が所管するJICA（国際協力機構）も同じで、南米のある国では現地採用の職員が全員学会員でした。学会が身

元保証人になるから安全だと。そういう例がたくさんあるんです」

外務省が特別であるふたつめの理由は、創価学会が積極的に海外進出を図っていること。その先にあるのは、言うまでもなく池田名誉会長のノーベル平和賞狙いだ。

ジャーナリストの乙骨正生氏はかつて、イタリア在住の外務省職員が、職務として知り得たヴァチカンについての情報を創価学会副会長に報告した事実を報じた。

〔前略　池田先生　大鳳会の○○○と申します。〕

と始まるこの職員の手紙には、以下の記述があった。

〈昨年10月、鈴木琢郎副会長から手紙をいただき、その中でヴァチカンについての私なりの実感を教えてほしい旨、書いてありました。その返事は神崎さん（イタリア日蓮正宗創価学会書記長）を通じ、鈴木副会長に出しました。（略）ミラノ総領事館の広報担当として全力で北イタリアにおける対日認識の拡大に努め、広布のお役に立ちたいと思います〉

この職員は81年に外務省専門職試験を受け、中級外交官として採用されていた。

「官庁の職員なら、わざわざスパイのようなことをしなくても、職務上知ってしまう情報がたくさんあります。そこで守秘義務を侵してご注進に及ぶ人がいれば、そうでない人もいる。『広宣流布のためなら』と考えるタイプが7割程度いるところが、学会の怖さです」

学会傘下の東京富士美術館が94年にスペインで「日本美術の名宝展」を開いたとき、実務に当たったのが在マドリッド日本大使館の文化担当書記官を務める女性の学会員だった、という例もあった。

要職に就いた学会員が、国と国民に奉仕してくれるのならば何も問題はない。しかし彼らは、学会、ひいては池田名誉会長のために働いているのだ。「すべて公務員は、全体の奉仕者であって、一部の奉仕者ではない」と規定する憲法15条に違反している可能性がある。

公明党常任顧問の神崎武法氏は、東大法学部3年生のとき司法試験に合格し、68年に検事となった。司法修習生時代、学生部副部長として文集『グレートイーグル』に寄せた文章に、こう書いている。

〈本部職員として、先生のもと、先輩のきびしい指導を受けている友人が羨ましくなることもある。そういうときには『本部から派遣になっている気持で戦っていきなさい。いつでも私の所へきなさい。刀折れ、矢つきたら、いつでも私の所へきなさい』との池田先生の激励を思い浮かべて戦うのである。（略）

〝いざ鎌倉〟というときには率先して

学会を守り、学会を推進していくのだという幹部にならなければならない〉

「順調にいけば検事総長間違いなし」と目されていた神崎氏は、東京地裁・高裁判決で創価学会の組織的犯行と認定された、共産党の宮本顕治委員長宅盗聴事件をサポートした話が明るみに出て、検事を辞めた。細川内閣で郵政大臣を務めた94年ごろには、衆参両院で何度もこの作文や盗聴事件について追及されている。

ちなみに神崎氏が電波通信法を所管する郵政大臣に就いたのは、盗聴という電通法違反で検事を退官せざるを得なかったことへの「仇討ち」といわれている。

創価学会の「政治部」に官僚から直接報告が

政治の世界においては、学会はどのような「現世利益」を得てきたのか。

「一番典型的なのは、2000年に成立したストーカー規制法です。この法律が、恋愛感情を理由とするつきまとい行為だけを取り締まり対象にすると決まったのは、公明党議員の働きかけが大きかった。学会員が折伏のためにしつこくつきまって、取り締まりの対象になっては困るからです。あのときは与党だったから、国会に上程される前の法律原案の段階で、修正できたのです。

与党時代はそうやって、政策に関与することができました。世間にはわかりにくいかもしれないが、公明党は与党であることを十二分に活用したんです。しかし我々公明党議員に下りてくる政策は、学会で決裁を経たものでした。私らがいくら議論しても、そこでは何も変わらない」

学会員の官僚からは、創価学会の中にある「政治部」へ直接報告が行くシステムになっていた。当時の学会政治部は、公明党を吸収した新進党に向けた顔だけでなく、与党である自民党に向けた顔作りも怠りなかったという。

新党ブームの中で福本氏らは「公明党も名前を変えよう」と提案。全国の公明党議員による投票で、決めることになった。ところが、いろいろ候補を考えたところへ上から号令が入り、「公明」は池田先生が名づけたのだから変えられないという。結局、選択肢は「公明党」と「公明新党」のふたつ。投票が始まる以前に、秋谷栄之助会長が指示を出して、「公明党に投票するように」。改名騒ぎはこうして、ドタバタのうちに終わった。

「公明党は、ほかの政党とは違います。代表の上に、池田党首や会長・総裁がいる。代表なんて、渉外部長みたいな存在でした」

と振り返る福本氏は、いま、

「総体革命から始まった中央官庁への浸透は、挫折しつつある」

と見ている。

「官庁に長くいると、『学会はおかしい』と感じることが増えるものです。私の先輩で官僚の取りまとめ役だったKさんですら、そうでした。私に『学会のあり方は、このままではいけない。忠実に尽くしてきたけど、最近は距離を置いている』と言ったことがあった。

官庁の中で役職が上がるほど、学会寄りの言動を取りにくくなるのも現実。そこで学会とは距離を置き、官僚人生を全うしようという人も多くなるのです。

学会は公明党単独政権による国家の支配を目指したが、できないから連立に切り換えざるをえなかった。官庁についても同じで、しょせんは部分支配しかできないことに気づいてきたと言えるでしょう」

福本氏は、07年に学会から離れた。

「91年に宗門から創価学会が破門されて以降、疑問に思う人が増えました。いま公明党の代表になっている山口那津男でさえ、『最近の学会は変わったでしょ』と私に語ったほど。

それは、完全な『池田教』になっているからです。私は3度目の公認をもらおうとしていた05年前後、公明党内の教育係から、こう言われたことがあります。

『池田先生を尊敬する人は学会に残れるけど、御本尊を信仰している人は学会には残れない』

学会が池田教に変質した、象徴的な言葉だと思います。かつて山崎正友さんや原島嵩さんが池田会長の側近に取り立てられる際には、『師匠が人を殺せと言ったら殺せるか』と問われて忠誠を試されたとか。2人の答えは、『はい!』だったそうです。

勝海舟とか坂本龍馬のような人物が学会の内部から現われ、池田幕府から脱藩して『大政奉還』を唱えなければならない。つまり、『日蓮仏法の正道に戻れ』ということです。

経済的な意味で言えば、いまの学会は〝国家内国家〟になっています。役得で食っていて、いまの収入が減ったら困る人が大量にいる。副会長のうちトップ10人くらいは、年収5000万円を超えているはずです。ちなみに秋谷栄之助会長が5500万円だったころ、池田名誉会長の年収は7億円でした。

公務員を模して作ったのが、学会職員の給与システムであり健康保険です。家を買ってローンを組めば、学会がお金を貸してくれる。年金制度もしっかりしています。こうした待遇をストップされるのが、いまの学会職員にとって一番怖いことなんです。学会の体質を正常化させるとすれば、こうした既成のシステムをどう軟着陸させるかが課題になっていくでしょう」

（省庁名・肩書は当時、文中一部敬称略）

国防の中枢に入り込み「主流派」の一角を占める非常事態

政府秘密文書を本邦初公開！ 創価学会「自衛隊折伏計画」の驚くべき真相

小和田三郎 大手紙デスク

自衛隊OBの推測では、学会隊員はすでに2世代から3世代目に入り、その隊員数は数千、いや万単位ともいえるほどの勢力に達し、「体制内主流派」の一角を担っているという。

創価学会・公明党が、戦前の反戦体験から「世界平和」をシンボルカラーにしてきたことは自他共に認めるところだろう。学会はその証しを得ようと、組織を挙げて池田大作名誉会長の「ノーベル平和賞」受賞を狙ってきたと言われる。その工作の一環として、中央官庁に次々と信者を送り込み、霞が関支配を進めてきた。

たとえば、外務省。「大鳳会」なる内部組織がつくられ、世界各国に創価学会員の外交官を配置する往年のプランは着々と実行に移されてきた。各国の著名な教育機関や団体から数多くの名誉称号が池田氏に贈られてくるのも、巨額の寄付金のお陰ばかりではなく、こうした学会系外交官による〝外交交渉〟の賜物でもあることは言うを待たないだろう。

あるいは、法務・検察。この内部にも秘密組織を設け、法務行政に深く携わってきた。政教分離や宗教法人への課税問題を抱える学会にとって、法務委員会での池田氏証人喚問や宗教法人法の改正論議は「ノーベル平和賞」受賞の足かせになりかねず、学会系法務官僚の出番となる。

こうして霞が関入りした創価学会のエリート信者たちがノーベル平和賞獲得のために奔走する姿は、その暗躍ぶりはいただけないものの、「世界平和」の理念を達成したいという余程の想いが根っこにあってのことだろう。

だが、どうしても合点の行かない学会の進出分野がある。あの民主党の仙谷由人元官房長官も思わず「暴力装置」と言い切った「防衛省・自衛隊」に次々と進出し、多くの信者を獲得してきた事実である。

自衛隊の宿舎内で 南無妙法蓮華経……

ある陸上自衛隊OBは「自衛隊くらい創価学会に勧誘されやすい環境はない。というよりも、自衛隊が学会員を生み出す絶好の装置になり、相携えて拡大していったと言ってよい。それは、今も昔も変わりなく続いている」と語り、こう内情を明かす。

「基地内には『営内班』といって若い隊員たち5~10人くらいでグループがつくられ、宿舎で集団生活の毎日を過ごす。ここで、信者1人が毅然と題目を唱えてごらん。若い学会隊員はろくにカネも持ち合わせていないから、ひと昔前なんて、迷彩模様のヘルメットをひっくり返して床に置き、ロウソクの受け皿代わりに使って学会用の仏具とみなし、お祈りを捧げたんだ。同室の純真な自衛官たちは、揺らぐロウソクの灯に合掌する姿をみて、いっきに引き込まれていったものなんだよ」

今では、学会信者も大きな勢力を占めるようになり、娯楽部屋になっている宿舎内の共有スペースを〝占拠〟し、集団で『南無妙法蓮華経』の題目を唱える朝夕の『勤行《ごんぎょう》』や座談会まで開かれるようになったとの話もある。部隊幹部が使用許可を出してしまい、公然と認められてしまうのだという。もちろん、部隊幹部も信者である。陸自OBが続ける。

「こうしたきまじめな宗教勧誘ならまだしも、もっと困ったのは、女性信者を使うケース。入隊したばかりの十代の男子隊員なんて、男ばかりの集団生活に気詰まりを覚え、やがて異性に飢えてくる。そこへ学会隊員が『女性に会えるよ』と誘い出し、外出許可を取らせて喫茶店などで女性信者に引き合わせる。この方法が一番効いたんだ」

OBたちの推測では、学会隊員はすでに2世代から3世代目に入り、その隊員数は数千、いや万単位ともいえるほどの勢力に達し、「体制内主流派」の一角を担っているという。

それにしても、自衛隊を学会信者獲得のための増幅装置とばかりに利用したという話に、私は興味をそそられた。平和理念とは相いれないはずの「暴力装置」に学会信者たちはなぜ入り込んだのか。その答えは思わぬところから舞い込んできた。

政府の秘密文書 「防衛庁職員の思想的傾向」

ちょうど、日米安全保障の戦後史を取材していた最中だった。取材先の防衛関係者から差し出されたのは、政府部内で作成された秘密文書のコピー。関係者によれば、原本はページをめくるたびにボロボロに壊れてしまいそうな状態で、辛うじて文書の体裁を保っているという。

「昭和41（1966）年5月」と日付が打ってあり、タイトルは「防衛庁職員の思想的傾向について」。その冒頭の説明書きによると、当時の佐藤栄作首相率いる政権内部から、防衛庁（現在の防衛省）と自衛隊の職員・隊員に対して疑いの目が向けられていたという。

時は米国と旧ソ連の冷戦時代。共産勢力の掃討をうたって米国が仕掛けたベトナム戦争は泥沼に入り込み、米政府と通じる政府・自民党に日本の革新政党が激しく迫っていた激動期である。

佐藤首相といえば、山崎豊子原作のテレビドラマ『運命の人』で名優・北大路欣也が演じ、お茶の間でもおなじみのことだろう。米国と交わした沖縄返還密約の存在を国民に隠ぺいし、これを知った毎日新聞政治部の西山太吉記者を警察当局に逮捕させた（西山事件）のは、記者を反米・反政府勢力の一味と見なしたからにほかならない。

1人の記者におびえた佐藤首相が、国を守るはずの防衛庁・自衛隊内部で反体制活動がくすぶり出し、革命勢力と手を組むのではないかと疑心暗鬼にさいなまれていたことは容易に想像できる。それゆえ、標的は自ずと体制変革を標榜する日本共産党に絞られていく、と私はたかをくくっていた。

ところが、秘密文書はそんな思い込みを吹き飛ばす内容に満ちていた。まさか、安全保障問題に「創価学会」の名がこれほどはっきり登場するとは、思ってもみなかったのだ。

学会隊員「4000人」の脅威

さっそく秘密文書の中身を見ていこう。文書はまず、現行採用している「保全方策」の一つとして、「採用時の身元調査」を挙げていた。

「隊員として採用しようとする者が、自衛隊法第58条1項に規定する欠格事項に該当するかどうか、および隊員としてその任務遂行上適格性があるかどうかを確認するため、仮合格者について本籍地調査および身元調査を行い、不適格者を排除している。本籍地調査は市町村長に対し、身元調査は警察に対しそれぞれ調査表をもって照合している。これにより保全的不適格者として昭和40年度の応募者78、017名中745名を発見している」

防衛庁・自衛隊は事前調査によって、応募者のうち約1％を危険視し、不採用にしたというわけである。

続いて文書は、採用後の職員・隊員の監視状況に触れている。

「秘密を取り扱う隊員、その他の重要な職務につく隊員については、あらためて、保全上の適格性の調査を行っている。隊員のうち保全上の問題のある者は、これを特に格付けして日常の監視を厳にするとともに、人事上の措置を行うことにより、各部隊の保全を行っている」

こうした監視の結果を「隊員の現況と将来の見通し」という項目でこうまとめた。

「日本共産党員またはその容疑のある隊員は約40名である。しかし、このうち党員であることの明らかな隊員は極めて少ない。この数字は他の官公庁における党員数と比較すれば極めてすくない数字であるといえる。左翼勢力からの自衛隊に対する働きかけは今後ますます激しくなるであろう。しかし、これに対しては各種の保全施策を講ずることにより隊員および部隊を保全することが可能である」

ここに登場する「約40名」とは、いわゆる「反戦自衛官」としてマークされた隊員を指しており、彼らを日本共産党員と位置付け、敵性外国勢力の手先とみなす佐藤政権らしい見解であり、想定の範囲といえる。問題は、この後に続く。私は以下の下りを読んで、思わず目をむいた。

「創価学会員である隊員は約4000名と推測される。この一部には特異な言動（たとえば『いざという場合は学会に従う』）が見られるが、多くは隊員としての責務を十分果たしており、また秘密漏洩事件等を起こした事例はない。なお人事上の配慮についても考慮している。今後も漸増するかも知れないが現状においては必ずしも筋金入りとは思われない。これらの隊員が将来どのような態度をとるかは、学会の指導方針の如何にかかっており、今後十分に注目して行くべきであろう」

共産党系の百倍の数に上る「4000人」もの学会信者が自衛隊員になっ

◆池田大作名誉会長の組織拡大路線の影響で、自衛隊でも勧誘が横行した（共同）

ていた事実。私の知るところ、防衛庁・自衛隊内の学会員数を明記した政府部内の文書が明るみに出るのは、これが初めてだと思う。

ただ、秘密文書の文面を見る限り、学会隊員の様子は「一部の特異な言動」をのぞけば部隊の規律を乱すような問題行動は起こしていないと読める。

だが、それならばあえて自衛隊内の学会員数をカウントするという困難な調査を、そもそもするはずがない。どうやらこの文書、秘密文書扱いとはいえ、政府部内で政治家たちの目に触れるだけに、その内容が漏れることを恐れ、控えめな表現に終始したようだ。

ならば、監視下に置かれた創価学会員たちの状況を私なりに確かめてみよう。そう思い立ち、取材を始めた。

折伏繰り返す学会隊員に困り果て……

防衛庁・自衛隊内の創価学会信者が監視下に置かれ、「４０００人」とカウントされるに至った事情は、取材を進めるうちに次々と浮かび上がってきた。

調査が行なわれた１９６０年代、たとえば滋賀県にある陸上自衛隊第三管区の今津駐屯部隊（当時）では、数多くの隊員を集めた学会サークルができあがり、休暇をとっては民間会社に行ったり病院に出かけたりして、強引な勧誘行動として知られる「折伏」を繰り返していた。あまりにも隊員の外出が多く、部隊業務に支障が出る有様だったという。これが国会で取り上げられ、防衛庁・自衛隊は対処に苦慮していた。

自衛隊の発足は54年（昭和29年）。その2年前、創価学会は宗教法人を取得しており、両者はまさに生まれを同じくしている。

当時、防衛庁・自衛隊を震撼させた事件が起きていた。陸海空の部隊を率いる高級指揮官養成校「防衛大学校」（神奈川県横須賀市）の合格者に学会信者が含まれていたのだ。その第一例は、防大がスタートしてまもない60年代中ごろのこと。防大ＯＢの話。

「この学生は、仏像や香炉、ロウソク立てのような仏具を持ち込み、題目を繰り返し唱える熱心な信者でした。もちろん、戦後の新憲法によって信教の自由は保障されていますから、違法行為ではありません。初代大学長の槇智雄さんは『敵を知るためなら』と言ってマルクス主義の原典『資本論』ですら勉強させた自由主義者でしたから、この信者学生をどう取り扱ったらいいのかほとほと困り果ててしまった。というのも、この学生にとってみたら、誰よりも創価学会トップの言うことを聞く使命感に満ちあふれていたわけですから、そんな人物を自衛隊の指揮官にするのに躊躇《ちゅうちょ》するのも当たり前でしょう。結局、槇さんはこの学生と話し合い、規律を乱すことになりかねないという理由で、部屋から仏具を運び出してもらい、収拾を図りました」

90年代までは「危険分子」扱い

こうして見てくると、自衛隊の発足まもないころから、創価学会は自衛隊幹部から一線隊員に至る隅々にまで進出していたことになる。こうした状態は監視されていたとはいえ、排除するわけにはいかず、人事政策上、野放しにされていく。当然ながら、学会員は自衛隊内に〝増殖〟していくことになり、その結果、武器を持つ「軍隊」として見過ごせない由々しき事態を招来することになる。

以下に証言するのは、80〜90年代の自衛隊内部を見続けてきた防衛庁幹部OBである。

「80年代以降、自衛隊内部の指揮系統がおかしくなる事態が多発するようになっていた。訓練中に『撃て』と言っても、その通りに動かない。部隊を動かそうと命令しても、まるでサボタージュするかのように行動する。これには防衛庁首脳たちもほとほとまいってね。そこで、自衛隊内部でいったい何が起きているのか原因をつかもうと、かなり大掛かりに調べたところ、問題のある部隊に創価学会員がたくさん含まれていることが分かったんだ。軍隊というのは上官の命令に従うことで内部規律を保ち、武力行使の一貫性も保障されるものだ。ところが、部隊内の上下関係と、創価学会内での上下関係が逆転しているケースがままあり、そのせいで指揮系統がおかしくなっていたわけなんだ。これはレポートにまとめようとしたが、政府文書として公然化すると公明党から国会で追及を受けかねない。あまりに危険だというのでお蔵入りしてしまった」

なお、創価学会の存在をなによりマークしたのが、防衛庁長官（現防衛相）に直結する防諜機関「調査隊」であることをここで強調しておきたい。いま、「情報保全隊」と名を変え、全国に約900人の隊員を擁するこの部隊は、秘密のベールに包まれてきた。

私が接触した調査隊OBによれば、「暴力主義的革命」を標榜する団体構成員をリストアップするにあたり、なかば公然化した日本共産党員には「(共)」と印を付けた。非公然の党員なら「(秘)」、共産党の同調者や妻には「(同調)」。これは、防諜業務に使う「秘匿略語」といわれるものだが、もうひとつ使われたのが「(創)」という文字。そう、創価学会の隊員を特定する隠語だった。

これはすなわち、防衛庁長官の秘密組織が創価学会員を「危険分子」として監視下に置いてきた証しにほかならない。この監視活動は、公明党が政権与党入りする90年代まで延々と続いていく。

公明党の政権入りで「平和」を放棄した学会

長年にわたり「危険分子」と見なされた創価学会員たちは、ひそかに防衛庁・自衛隊内部でリストアップされ、監視下に置かれてきた事情をこれまで見てきた。

だが、こうした流れは、90年代半ばをもってほぼ沙汰やみとなる。理由は簡単だ。自民党政権崩壊を招いた93年の細川護熙連立政権発足に公明党が参加し、4人の閣僚を誕生させて政権与党となったからである。

この連立政権は紆余曲折を経てやがて解消されるが、与党の味をしめた公明党はキャスティングボードぶりを遺憾なく発揮し、99年、今度は自民党と政権を組む。その後、現在の民主党に政権を奪取されるまでの10年間、与党にあり続けたのは周知の通りである。

この10年が、創価学会を変質させた。「平和主義」の放棄である。これが、学会隊員の変容にもつながるだけに、誌面を割いて説明しておきたい。

決定的なメルクマールとなったのは、「イラク特措法」を公明党が認めた2003年。自衛隊創設以来初めて、戦闘地域へ自衛隊を派遣することを容認するもので、「集団的自衛権の行使」の観点から違憲性があると市民団体や野党の一部から反発を受けた。

ところが公明党はこうした声に耳を貸さないばかりか、あろうことか憲法改正にまで言及し、「憲法改正論議の焦点の一つが9条問題にあることは言うまでもありません。いわゆる解釈改憲が限界に来ているとの指摘もありますし、集団的自衛権の行使に関した意見もかまびすしく行なわれています。9条と前文に関する論議もタブーを設けることなく行ないたい」(元代表の太田昭宏氏)と踏み込んでいく。

これに違和感を覚えたのは、「平和の党」を信じた多くの創価学会員たちだった。

言うまでもないことだろうが、池田大作・創価学会名誉会長が名文で鳴らした小説『人間革命』には、戦前、治安維持法で弾圧された戸田城聖・二代目会長の「平和」獲得への思いが綿々とつづられている。なかでも、戦禍に苦しめられた沖縄を真正面からとらえ、沖縄の民衆をどう幸福へと導くことができるかが創価学会の試金石になる、と切実に訴えている。この「反戦」「平和」のメッセージに惹かれた学会信者がどれほどいたことか。

実際、自衛隊のイラク派遣容認に対し、創価学会の婦人・青年部に根強い反発があった。こうした状況に対し、04年、雑誌『アエラ』のインタビューに応じた当時の学会会長・秋谷栄之助氏は、記者から「平和を重視してきた創価学会だけに、公明党は学会の理念と反対のことをやっていると反対の署名活動をする会員も出ています」と追及されると、「信仰の上からいえば、平和主義ということは一貫して変わりません」と学会内の反戦活動をかばう発言をしている。

体制内勢力に変わった自衛隊の学会隊員

それなのに、公明党は改憲に向けた流れを加速させた。当時の政治ジャーナリストたちの解説によれば、すでに5年も続いた「連立与党」の座を捨てて野党に甘んじるよりも、「平和」路線を捨て、年金制度のような学会信者の老後のためになる〝現世利益〟を優先させたのだという。だが、そればかりが理由ではない。当時の冬柴鐵三・公明党幹事長はこんな発言をしている。

「私はイラクのサマワ、新潟の被災地、阪神・淡路大震災でも献身的な働きを目にした。自衛隊を大幅に減らすべきでない」

自衛隊の定数削減に消極的なこの発言には「自衛隊員に学会員が多く、食いぶちを失うような施策は困るという声が党に寄せられていた」（公明党関係者）という背景があったというのだ。

ここに至り、学会隊員は変容してしまった。振り返れば自衛隊創設期以降の「昭和」の時代、学会隊員は「危険分子」として軍隊内の上下関係の規律を乱し、ある意味、〝暴力装置〟にブレーキをかける役目を果たしてきた。

◆自衛隊の人員削減に反対した故冬柴幹事長（当時）。その訳は学会員が多いから⁉

しかし今日、学会隊員たちは〝自己増殖〟を続けた結果、自公連立政権と同類の「体制内勢力」へと変質してしまったのだ。

公安当局によれば、現在、防衛省・自衛隊内には創価学会と同じく日蓮正宗から分派した「冨士大石寺顕正会」の信者が１５０人ほど在籍し、「日蓮大聖人に背く日本は必ず亡ぶ」などと書いた冊子を防衛省幹部宅に送りつけるような過激な行動で知られるようになった。初期の創価学会をほうふつとさせる原理主義集団で、体制内化した学会信者を刺激し、「いつ内ゲバが起きてもおかしくない状態にある」（公安当局）。

忘れてはならないのは、軍隊は「暴力装置」であること。オウム真理教が自衛隊に入り込み、テロ活動にうごめいた例もある。いくら学会信者が体制内化したとはいえ、武器を持った教団信者でありことに変わりはない。

●「総体革命」はどうなるのか？

総数20万人！創価大学OBの〝進路〟に見る日本社会の〝学会員浸透度〟

地方公務員1500人、公立学校教員6100人、大手上場企業も軒並み

乙骨正生 フォーラム21発行人

〝池田先生〟の熱い指導を受けた創価大学のOB・OGたち。なかには使命感に燃え〝職務の本質〟を逸脱してきた人々もいる。それが公務員であれば重大問題だ。

日本を支配するための人材養成機関

「天下を取ろう」

創価学会の「永遠の指導者」（創価学会会則）である池田大作名誉会長が、若年時から口にしていた常套句である。1952年3月10日付『聖教新聞』には、池田と夫人となった白木かねとの婚約を報じる記事が掲載されているが、その紙面にもそうした事実をうかがわせる記述がある。

「同君は常に言う、『天下を取ろう』と、大志努力の人池田大作君御目出度う」

60年に創価学会の会長に就任した後も、池田は事あるごとに「天下取り」に言及している。たとえば創価学会の外郭企業の社長を集めた「社長会」の席上、「広宣流布への挑戦をしていこう。天下を取らなければ途中の苦労が何にもならない」（67年9月22日、第4回社長会）と述べているし、74年7月に行なわれた第10回参議院選挙でも、公明党が過去最高の14議席（地方区5、全国区9）を獲得した際に、矢野絢也公明党書記長（当時）が選挙支援を謝するために提出した「御礼」と題する報告書に、池田はこう書き綴っている。

「本当に御苦労様　よかったな。これからも頑張ろう　天下を取るまで応援するから　学会も守ってくれ　愛知も頑張ったよ。この次はもっと取ろう　天下を取ろう」

池田は、70年5月3日開催の創価学会本部総会の席上、創価学会・公明党による言論出版妨害事件について謝罪するとともに、創価学会と公明党の政教分離を社会に公約した。だが74年の矢野報告書に書かれた池田の一文は、池田が政教分離宣言後もなお「天下取り」、すなわち政権奪取の野望を抱いていたことを物語っている。

91年に破門されるまで、創価学会は日蓮正宗の信徒団体だった。そのため、日蓮の教説、信仰を日本国中、さらには世界へ広めることを意味する「広宣《こうせん》流布《るふ》」を教団の目的に掲げていた。

しかし、創価学会の志向する「広宣流布」は、単に日蓮の教説を広めるという宗教の次元にとどまっていない。日蓮正宗・「国立戒壇《こくりつかいだん》」の建立という、創価学会を実質、国教化するという極めて政治的な意味が含まれていた。日蓮正宗・創価学会を国教化するには国会の議席を占有する必要がある。そのために戸田城聖二代会長は、宗教と政治が融合するという意味の「王仏冥合《おうぶつみょうごう》」論を主張し、政治闘争に宗教的意義を与えることで、56年に政界へと進出した。

60年に会長に就任した池田は、戸田の路線を発展的に継承し、国政への進出を本格化。64年には創価学会政治部を改組して公明党を結党。67年には衆議院へと進出し、政権獲得に向けて組織をあげての熾烈な政治闘争を展開していった。

池田が描いてきた青写真は、衆参両院議員の選挙で公明党が過半数を取り、単独政権を築くというもので、66年の創価学会本部総会の席上、池田は日蓮正宗の総本山である大石寺の開創７００年と自分の会長就任30周年、そして戸田の33回忌にあたる１９９０年（当時は昭和65年と表現／平成2年）を「広宣流布」達成の目標とするロードマップを発表している。

そのために考えられたのが、「総体革命」という戦略だった。

「総体革命」とは、「総体」との名称が意味するように、宗教や政治という特定の分野に限らず、社会のさまざまな分野に創価学会の影響力を及ぼしていくことを意味している。具体的には、官界や司法界、経済界やマスコミ界等々、社会のさまざまな分野に学会員子弟を送り込んで枢要なポジションを掌握することだ。創価学会・公明党政権とあいまって、創価学会が実質、日本社会を支配することでもある。

創価学会員初の弁護士で、池田のブレーンとして「総体革命」戦略を策定した山崎正友《まさとも》元創価学会顧問弁護士は、生前、池田の「天下取り」構想を次のように解説していた。

「公明党による政権獲得と、日本社会の枢要なポジションをおさえていく総体革命。この二つのプロジェクトを車の両輪として、池田の天下取り構想は進められた」

そうした戦略の一環として、創価学会なかんずく池田は、「広宣流布＝天下取り」のための人材の育成に腐心。創価学会青年部に学生部（大学生）・高等部（高校生）・中等部（中学生）・少年少女部（小学生）を組織して、創価学会の教説や池田の指導を徹底的に刷り込んできた。それと同時に、「広宣流布」の「手駒」を育てるための人材養成機関として、68年に創価学園を、71年には創価大学を設立。さらには学生部のなかに、国家公務員試験や司法試験を受験する学生を訓練し育てる「**法学委員会**」を立ち上げるなどした。

また東大や京大、早稲田や慶應をはじめとする高偏差値の国公私大に在学する学生部員を対象にした「**大学会**」や、高偏差値高校に通う高等部員を訓練する「**鳳雛会**」「**未来会**」などをつくり、「広宣流布」の先兵として官界・法曹界・学術界・教育界・経済界・マスコミ界等の各分野に、進出することを奨励した。

「弟子」の務めとして税務調査に圧力をかける

「総体革命」戦略の策定からすでに40年以上の歳月が流れた今日、社会のさまざまな分野に学会員は進出している。組織の中枢で、重要なポジションを占めている人物も少なくない。ではいったい「広宣流布」の先兵として、あるいは「総体革命」の担い手として学会員はどのような分野に、どの程度進出しているのだろうか。

もっとも、「信教の自由」は日本国憲法が保障する基本的人権であり、人はいかなる宗教を信じることも、あるいは信じないことも自由である。また内心の自由として、いかなる思想・信条を持つことも自由である。しかし、たとえば公務員が、憲法15条2項の「すべて公務員は全体の奉仕者であって、一部の奉仕者ではない」とする「公務員の本質」規定に反して、公務員の立場を悪用し、あるいは公正公平の原則に反して、自分の信仰する特定の宗教団体の利益のために活動したとすれば、それは許されることではない。

矢野元公明党委員長は、２０１１年の秋に出版した『乱脈経理』（講談社）で、池田の意向を受けた秋谷栄之助会長（当時）の指示のもと、90、91年に行なわれた東京国税局による宗教法人創価学会に対する税務調査に政治的圧力をかけたことを告白している。

その本のなかで矢野は、税法上の優遇措置を受けている公益法人たる宗教法人が税務調査を妨害することなど論外であり、国会議員がそうした不正に手を貸すことも許されることではないが、お世話になった創価学会を守るために、また「師」である池田を守るための「弟子」としての「最後のご奉公」との気持ちで、国税当局との交渉にあたったと記している。

矢野に政治的な圧力をかけるよう指示したとされる池田は、96年11月3日に創価大学池田記念講堂で開催された「創価教育同窓の集い」で、創価大学のOB・OGたちに、弟子である創価大学卒業生の心構えを次のように指導している。

「**師である私が迫害を受けている。仇を討て。言われたら言い返す。打ち返す。切り返す。叫ばなければ負けである。戸田先生も牧口先生**（創価学会初代会長）**の仇を取ると立ち上がった。私も戸田先生の仇を討つために立った。私の仇を討つのは、創価同窓の諸君だ**」

こうした指導を受けた創価大学出身の公務員や教員のなかには、矢野と同じく、使命感にもえて「公務員の本質」に反する行動をとる者が出てきても不思議ではない。そして現実に、創価大学出身の公務員が、創価学会・公明党を利するような動きをしている事実もある。

池田大作作詞の学会歌を公立小学校で歌わせた事件

06年に埼玉県所沢市立東所沢小学校で、校内音楽祭が開かれた。これに参加した「家庭教育学級」の母親たちが、池田が自分の母をモチーフとして作詞し、創価学会婦人部を讃《たた》える意図を持つ「母」という曲を歌う事態が発生した。

「家庭教育学級」とは、一般の小学校におけるPTAと同種の保護者の団体で、「子どもの健全育成と家庭教育の向上を図るため」（所沢市家庭教育学級事業委託要項第2条）に、所沢市から年間7万円の委託料が支出されている、極めて公的な性格を持つ団体である。

ところが、東所沢小学校の「家庭教育学級」の「運営委員長」や「学級長」などの役員は、99年頃からほとんど創価学会員によって占められており、「母」を校内音楽祭で歌った際の学級長は、埼玉県選出の公明党・西田実仁参議院議員の妻、西田三千代が務めていた。

この西田学級長たちの主導で、宗教教育が禁じられた公立小学校の校内音楽祭で「母」は歌われたのだが、「母」が学会歌であることを知った保護者や、「母」を学会歌と知らずに校内音楽祭で歌った「家庭教育学級」の保護者たちからは、「なぜ創価学会の歌を学校で歌わせたんだ」との強い批判が巻き起こった。

ちなみにこの「家庭教育学級」主催の講演会には、西田学級長の夫である西田参院議員と一緒に当選した公明党の浮島とも子参院議員（当時）が講師として招かれ、公金を原資とする会計から1万円が謝礼として支払われていた。さらに「家庭教育学級」主催の見学バスツアーでは、公明党が推進していた子宮頸ガン対策の署名活動が行なわれたこともあったという。
「母」の歌が東所沢小学校の校内音楽祭で歌われたことをきっかけに、保護者たちは、所沢市教育委員会に「家庭教育学級」の偏向した運営実態について報告し、抗議ならびに善処の申し入れをした。ところが「家庭教育学級」を担当する教育委員会の社会教育課長は、一連の事実を上司の教育長や次長に報告せず、なにも問題がなかったかのように社会教育課長の専権事項で処理しようとしたのである。

　宗教教育が禁じられた公教育の場で、公的性格の強い「家庭教育学級」が主導して学会歌を歌わせた事実や、その役員を創価学会員が占有し、「家庭教育学級」の行事を公明党への投票活動に利用するなどということは、公教育の基本にかかわる重大問題。だが、所沢市教育委員会の社会教育課長は上司に報告をせず、問題の矮小化を図るような動きを見せたのだ。

　実はこの社会教育課長は、創価学園・創価大学の1期生。しかも現職の所沢市教育委員会の職員でありながら、創価大学の通信教育部のコーディネーターを務め、創価大学創立者である池田の教育理論を広く社会に広めようとする立場にある人物だった。もちろんバリバリの創価学会員である。

　こうした事実を知った東所沢小学校の保護者たちは、市長をはじめとする行政当局や議会に対して激しい抗議や陳情を行なった。その結果、ようやく一連の事実を市当局や教育長・次長などが知るところとなり、担当の社会教育課長は更迭となって事態の改善が図られたが、仮に保護者らが抗議活動を活発化しなければ、問題が闇に葬られていた可能性は少なくない。

「総体革命」を推進するための人材養成機関である創価大学出身者の進路に、注意を払わなければならないゆえんである。

地方公務員は１５００名、公立学校教員は６１００名

　では、創価大学出身者の進路にはどのような傾向があるのか。またどの程度の人数が、たとえば公務員や教員になっているのか。筆者の手許にある創価大学卒業生名簿や創価大学ホームページなど各種の資料をもとにして、その概要を紹介してみたい。

　71年に法学部・経済学部・文学部の3学部で発足した創価大学は、その後、教育学部・経営学部・工学部・通信教育部などを開設。創価大学のホームページによれば、今年5月時点の在学者数は学部生７７８６名、大学院生５０８名（併設の創価女子短大は６７１名）を要する総合大学となっている。すでに開学から41年を迎え、**卒業生の総数は20万人にも及ぶ**。

　国家試験研究室をはじめ資格試験への取り組みも充実しており、ホームペ

ージには11年12月時点での開学以来の各種国家試験の合格者数を次のように紹介している。

司法試験２１９名・公認会計士試験１９８名・税理士試験１６１名・国家公務員Ⅰ種試験40名・外務省専門職員採用試験53名・地方公務員試験約１５００名・教員採用試験６１００名。

このうち司法試験合格者数は、戦後に開学した新設私大としては最多。教員採用試験合格者数も私立大学としてはトップクラスだという。公務員試験合格者数は累計で１６００人に及ぶが、直近の06年度から10年度までの過去5年間の公務員試験合格者数は、06年度30人（そのうち地方公務員13名）、07年度29人（地方公務員27人）、08年度51人（地方公務員40人）、09年度60人（地方公務員48人）、10年度52人（地方公務員38人）となっており、平均すると毎年44人が公務員試験に合格していることになる。

その内訳を見ると、国家公務員は国家公務員Ⅰ種、Ⅱ種、外務省専門職、一般専門職に分かれ、就職先はⅠ種・Ⅱ種が会計検査院、文部科学省、農林水産省、厚生労働省、総務省、国土交通省。専門職が家庭裁判所調査官補Ⅰ種、法務教官、裁判所事務官Ⅱ種、労働基準監督官、国税専門官、国立大学法人、航空管制官、航空自衛隊などとなっている。

最新のデータである今年3月の卒業生の進路状況によれば、公務員のなかでも国家公務員は、国家公務員Ⅱ種、外務省専門職、労働基準監督官、国税専門官、裁判所事務官Ⅱ種、防衛省Ⅱ種となっている。

冒頭の「社長会」において池田は、**「創価大学の第一期生が10年後に卒業する。これは金だ。純金だ。玉石混合《ママ》ではない。それからが本当の黄金時代だ。航空母艦も戦艦もどんどん出る。本当の指揮をとってやる」**（67年7月20日、第2回社長会）と発言し、創価大生に大きな期待を寄せた。

そうした池田の意向を受けた創価大学では、国家試験研究室やマスコミ研究室などを整備し、早くから官界や司法界、教育界などへの人材輩出に力を入れてきた。その結果が、多くの司法試験合格者や教員採用試験合格者、さらには公務員試験合格者数の輩出に結びついているといえる。

年間3000億円の財務が武器 創価大生を金融界に送り込む

創価大卒業生による壮大なネットワークは、官界・教育界にとどまるものではなく、広く一般企業にも及んでいる。先の「社長会」において池田は、**「広布（注：広宣流布のこと）の闘いで、政党、学校、文化、民音等も出来た。最後に残ったのは経済だ。これから、この社長会を中心に経済革命をする。一番最後で、一番大事で、又一番晴れがまし**

い部隊だ」（67年6月25日、第1回社長会）と述べ、経済界への進出、浸透を図ろうとしてきた。そのための武器は創価学会の集金力。創価学会は、毎年「財務」と称する寄付集めを行ない、その集金額は年間２０００億円とも３０００億円とも言われている（創価学会の内部資料によると東京の創価学会組織の集金額は約３００億円）。

この実弾を武器にして、学会は金融の要である銀行や証券会社に頭を下げさせることで経済界への影響力を拡大。その影響力を背景に創価大生を上場企業に送り込むことにも成功してきた。

先に引用した創価大学のホームページでは、開学以来の卒業生の採用を内定した上場企業は２３００社にのぼると発表している。

最新の12年3月卒業生の進路先にも、金融・生保・損保・証券・建設・不動産・自動車・電気・化学・薬品・情報通信・旅行・飲食・サービスをはじめとするさまざまな上場企業や大手企業の名が並んでいる。

それらのなかには、創価学会との間でさまざまな取引関係のある企業も少なくない。たとえば「財務」の大半を扱うとされている創価学会のメインバンクである**三菱東京ＵＦＪ銀行**を中核とする三菱グループでは、三菱商事テクノス、三菱重工業、三菱総研ＤＣＳ、三菱電機、三菱ＵＦＪインフォメーションテクノロジー、三菱ＵＦＪ信託銀行、三菱ＵＦＪ不動産販売、三菱ＵＦＪモルガン・スタンレー証券などが卒業生を受け入れている。三菱東京ＵＦＪ銀行同様に創価学会の財務を扱う銀行や、会館などの施設建設を受注するゼネコンも、そのほとんどが創価大生を受け入れている。

具体的には、みずほ銀行、三井住友銀行、りそな銀行などの都市銀行に、シティバンク銀行、トマト銀行、大分銀行、大阪信金、三島信金をはじめとする多くの地銀、信用金庫などなど。ゼネコンや建設会社では、**大成建設や大林組、鹿島建設や竹中工務店、清水建設、戸田建設**などである。しかも創価大学卒業生名簿によれば、こうした企業の多くは、毎年、一定の人数を創価大学から受け入れており、創価大生の受け入れが創価学会と一般企業との取引のバーターとなっていることもうかがわせる。

この他、日産自動車や本田技研工業、パナソニックに日立製作所、東芝、富士通、富士ゼロックス、京セラミタ、ヤマハ、第一生命、明治安田生命、住友生命、東京海上日動あんしん生命、野村證券、ＳＭＢＣ日興証券、ゴールドマン・サックス証券　全日本空輸、東日本旅客鉄道、北海道旅客鉄道、近鉄エクスプレス、ＪＴＢ法人東京、住友不動産販売、住友林業、積水ハウス、大和ハウス工業、日本新薬、大塚製薬、塩野義製薬、キリンビバレッジ、コーセー化粧品、ベネッセ、紀伊国屋書店、リクルートなど一般にもよく知られた企業の多くが創価大生を採用している。

最高栄誉賞を贈られた名だたる一流企業の実名

こうした企業と、創価学会そして創価大学の密接な関係を示す創価学会の内部文書があるので紹介しよう。02年11月5日開催の『聖教新聞』全国業務部長会での秋谷会長（当時）の発言録である。秋谷はその年の11月2日に創価大学の大学祭の際に催された「創価栄光の集い」で、池田に中国の浙江大学の名誉称号が授与されたことに触れつつ、次のような発言をしている。

「11月2日、創大祭での浙江大学名誉称号の授与式に、日本を代表する企業のトップが出席し、その方々に創価大学最高栄誉賞が贈られた。これは、出席された方々の立場もあるし、週刊誌が騒ぐとうるさいので聖教新聞には載せていない。**サンヨー電機の井植会長、大林組の向笠社長、大王製紙の井川会長、日本電気の西垣社長、中国新聞の山本会長**の5人で、それぞれ企業のトップで超多忙な人ばかりである。（中略）先生の前で最高栄誉賞授与されたあと、皆さん、壇上で先生のスピーチを真剣に聴いていた。特に創大生のレベルの高さ、その学生と先生との真剣なやりとり、心の通うスピーチに感動していたようだ。そして『改めて社員教育のあり方を考え直したい』『きょう一日で、池田先生のスピーチから大変多くのものを学びました』等の感想が相次いだ。あらゆる意味で、今、創価学会の存在、聖教新聞の存在が再認識され、私たちが当代一流の、時代の先端の仕事をしていることを痛感させられた」

「週刊誌が騒ぐとうるさい」ので、5人の企業トップに創価大学最高栄誉賞が授与された事実は『聖教新聞』に掲載されなかったようだが、いずれの企業も創価大生を採用している企業であり、大林組は施設建設で、大王製紙は機関紙誌の原料である紙の納入で、中国新聞は機関紙の印刷で、いずれも創価学会とは取引関係にある。5人の企業トップに創価大学最高栄誉賞が授与された理由は、「創価大学生を積極的に採用していることへの御礼」（創価大学関係者）とも伝えられるが、企業と創価学会、創価大学との濃密な関係が、このことからも浮かび上がってくる。

ちなみに大王製紙の井川高雄会長の長男の井川意高元社長がカジノにのめり込み、背任横領で東京地検特捜部に逮捕されたが、事件後、**大王製紙の社長には、創価大学出身の佐光正義が就任**している。元愛媛大学の助教授で、四国と中国を選挙地盤とした公明党元参議院議員の福本潤一は、その大王製紙について「大王製紙は選挙の際、熱心に支援してくれた」と語っている。

この他、創価大学出身の著名企業の社長としては、**ヤマダ電気の代表取締役社長兼代表執行役員の一宮忠男**や、**ウォルト・ディズニー・カンパニージャパン**（**東京ディズニーランド**）**社長**から**スタジオジブリ代表取締役社長に転進した星野康二**などがいる。

井植や井高らに創価大学最高栄誉賞が授与された02年11月前後には、複数の企業のトップが創価大学で講演をしている事実もある。たとえば同年10月23日には**シャープの辻晴雄相談役**（**元社長**）が、同じく11月27日には**東芝の岡村正社長**が講演している。企業のトップが相次いで創価大学を訪問している背景には、99年秋に公明党が自公（当初は自自公）連立政権に参画したことが大きく影響していると考えられる。公明党の政権参画と「総体革命」は相互に補完し合って創価学会の影響力を拡大する役割を果たしてきたのだ。

その公明党には、現在、創価大学出身の国会議員が9人いる。その面子は次のとおり。荒木清寛（参議院議員・元外務副大臣・弁護士）、大口善徳（衆議院議員・弁護士）、石田祝稔（衆議院議員・元厚生労働副大臣）、木庭健太郎（参議院議員・党参院幹事長）、遠山清彦（衆議院議員・元参議院議員・元外務大臣政務官）、高木陽介（衆議院議員・党広報室長・党選挙対策委員長）、高木美智代（衆議院議員・元経済産業大臣政務官）、石川博崇（参議院議員・元外交官）、竹谷とし子（参議院議員、公認会計士）。

この他、次期衆院選での返り咲きを狙っている創価大学OBには北側一雄元国交大臣（前幹事長・弁護士）もいる。また東京都議会議員をはじめとする都道府県議・政令市議・東京都特別区議・一般市町村議も数百人を数えるにいたっている。

＊

公明党の議席伸張と「総体革命」を車の両輪とする池田の「天下取り」構想は、自公連立政権という単独政権から連立へと変質した形で実現するかに見えたが、09年の衆院総選挙で自民・公明両党が惨敗したことで、池田の「天下取り」構想はついえた。同様に「総体革命」もまた見果てぬ夢で終わる公算が高い。

それでも創価大学出身の公明党国会議員が9名、そして地方議員が数百名いる事実が示すように、池田と創価学会が40年余にわたって築いてきた壮大なネットワークはいまなおそれなりに機能しており、大きな影響力を内在している。

その壮大なネットワークが、池田という指導者を失ったとき、どのような方向に向かうのか。社会の混乱期には必ず独裁者とカルトが伸びるという歴史の教訓に照らすとき、私たちが池田の残した「負の遺産」への警戒を怠ることは危険である。

（文中敬称略）

信濃町ウォッチング

『聖教新聞』の広告クライアントに大異変！

ゼネコン・生保・銀行が激減、半数以上が通販広告のなぜ？

藤倉善郎 フリーライター

最大の広告主は通販業者

創価学会が発行する機関紙『聖教新聞』は、公称発行部数550万部を誇る。宗教団体の機関紙のなかでも、日刊ペースで発行されている唯一のメディアだ。

創価学会第二代会長・戸田城聖のもとで折伏大行進が始まった1951年4月、旬刊2ページ、発行部数5000部でスタートし、信者数の拡大とともに部数を伸ばして、現在ではページ数も12ページになっている。

創価学会には「第三文明社」「潮出版社」といった系列の出版社があるが、『聖教新聞』の場合、発行元は「聖教新聞社」と名乗っているものの、宗教法人創価学会の出版部門。生粋の学会機関紙といわれるゆえんである。

この『聖教新聞』にいま、ちょっとした異変が起きている。紙面に掲載される広告のクライアントの顔ぶれだ。

次頁の表上を見てもらいたい。

2012年5月26～31日の1週間分の『聖教新聞』に掲載された広告のうち、広告面積を合算してランキング付けしたものである。

ダントツの第1位は岡山県の「山田養蜂場」。健康食品や化粧品の通信販売を手がける業者だ。第2位は自社広告で、同数で並ぶ第3位の6社は、英会話教材、健康食品、日用雑貨等すべて通販業者である。つまりトップから上位7社のすべてを通信販売業者が占め、創価学会の会館等の施設建設で付き合いが深い建設業者としては、ようやく第9位に大成建設が登場するのみだ。

このランキングで建設業トップだった大成建設と通販でトップだった山田養蜂場に、出稿の理由を尋ねてみた。

「当社は広告出稿にあたっては、『聖教新聞』に限らず幅広い読者層が存在する媒体に対して、そのPR効果を期待し実施しております」（大成建設）

「弊社では、弊社広告等の出稿媒体について、出稿理由・出稿結果などについて、一切社外に公開しておりません」（山田養蜂場）

大成建設は、東京・大田区にある「大森池田記念会館」のほか、創価学会の施設建設を手がけてきた。『聖教新聞』への広告出稿は、企業のPR活動としては自然な行動だろう。

一方、山田養蜂場はノーコメ

ントだが、通販業者の広告出稿意図について、学会ウォッチャーがこう解説する。

「『聖教新聞』を熱心に読んでいる創価学会員は中高年が多く、健康食品などが会員同士のクチコミで広がる。通販業者としては、創価学会と組織的な付き合いがあろうがなかろうが、『聖教新聞』に広告を出すメリットがあるのでは」

聖教新聞・広告主ベスト10

順位	会社名	業種	段数
1	山田養蜂場	通販	21.0
2	創価学会・聖教新聞社	自社	19.4
3	優生活	通販	15.0
	日本通販	通販	15.0
	やずや	通販	15.0
	キョーリン製薬グループ	通販	15.0
	エブリデイ出版英語教育センター	通販	15.0
	アイフォーレ	通販	15.0
9	大成建設	建設	10.4
10	オリックス	保険	10.0

消えた銀行・生保・家電広告

さて表下では、業種別のランキングをまとめた。トップの通販は広告スペースの約57%を占める。建設業は3位で8・5%、保険は7位で2・5%だ。先の学会ウォッチャーが解説する。

「『聖教新聞』で通販広告の多さが目につくようになったのは、5~6年前からでしょうか。これは結局、減少した広告の穴埋めです。20年くらい前までの『聖教新聞』には建設業者、自動車メーカー、銀行、保険会社、家電メーカーなど、さまざまな業種の広告がまんべんなく掲載されていました。

特に、創価学会の財務（寄付）の管理口座として利用されてきた現在の三菱東京UFJ銀行、施設建設で付き合いが深いゼネコン、そして保険会社の広告が目立っていました。保険会社が広告を出すメリットも、通販業者と同じ。保険商品が学会員の間でクチコミで広がるからです。もともと学会人脈を生かして保険外交員をしている学会員も多いですから」

聖教新聞・広告主の業種別ランキング

順位	業種	段数	割合
1	通販	225.4	56.8%
2	出版	43.1	10.9%
3	建設	33.6	8.5%
4	自社	19.4	4.9%
5	紙・印刷	15.4	3.9%
6	その他	10.5	2.7%
7	保険	10.0	2.5%
8	家電	7.0	1.8%
9	新聞	6.2	1.6%
10	食品	5.0	1.3%

2000年に刊行された『聖教新聞の読み方』（渡辺武達、三五館）という本がある。『聖教新聞は他紙（一般紙）より健全？』等々、随所に『聖教新聞』を賞賛する表現がちりばめられた1冊だが、『聖教新聞』の広告に関する一節が興味深い。

著者は、ある日の『読売新聞』に掲載されていた全面広告を、〈住友銀行、ソーテック、シティバンク、日本通信教育普及会、ソニー、ダイドードリンコ、富士通……〉と挙げたうえで、「聖教新聞の場合も広告掲載企業・業種では一般紙と大きな違いはない」としている。

しかし現状は前述のとおり。ここ12年ほどの間で、『聖教新聞』の広告掲載企業・業種が大きく様変わりしたことがわかる。

「かつての広告主は創価学会を〝お客様〟としている企業や業種が多く、なかには、選挙の際に創価学会に社員名簿を提出する会社もありました。『聖教新聞』への広告出稿は、こうした諸々の〝お付き合い〟の一環という意味合いもあります。

しかし、大手各社が活字メデ

ィアへの広告出稿を見直し始めたここ10年ほどの間で、同じく『聖教新聞』からも軒並み手を引いています」（前出、学会ウォッチャー）

現在、一般紙や雑誌など活字メディアの多くで企業の広告離れが起こる一方、通信販売の広告は全般的に増えてきている。『聖教新聞』もその例外ではないということか。

大手が敬遠する深刻な理由

しかし同時に、『聖教新聞』ならではの事情もある。

「創価学会では、信者が一人で何部も『聖教新聞』を購読するということが行なわれています。これは一般紙で言う〝押し紙〟のようなもので、実際に紙面を手にして読む実質的な読者数は発行部数の25～30％しかいないと言われています。広告掲載企業にしてみれば、額面通りの広告効果が見込めない媒体なんです」（広告業界関係者）

かつて『週刊新潮』が、『朝日新聞』の押し紙率を34％と報じたが、これは裏を返せば実質読者率66％ということだ。『聖教新聞』の実質読者率25～30％という数字が、いかに少ないかわかるだろう。

そして企業側にとって、もうひとつ気になるのは、言うまでもなく相手が宗教団体であるという点だ。

「創価学会系とは言え、単独の出版社であれば、企業から企業への広告出稿という名目が立つ。しかし『聖教新聞』は、宗教法人が直接発行する機関紙。そこに広告料金を支払うということは、一般的には宗教法人への寄付と受け取られかねません。ましてや額面通りの広告効果が期待できないメディアですから、なおさらです。

ここ10～20年で、日本の大手企業の資本に外資が入り込んだり、外国人が役員に就くケースが増えてきましたが、外国人は特に、メリットが不明確な出費を嫌う。日本のある大手企業の関係者は、株主である海外のファンドから〝『聖教新聞』に広告を出すべきではない〟と釘を刺されたと言っていました。寄付をするなら、特定の宗教法人に出すよりもチャリティー関連の団体やイベントに寄付して、企業イメージを向上させろ、ということのようです」（広告業界関係者）

こうして大手の多様な広告が姿を消し、通販広告だらけになってしまった『聖教新聞』。公称発行部数も頭打ちだ。550万部は90年の数字で、それがいまだに使われている。

「読者の少なさには、学会も頭を悩ませているようです。以前から学会員たちは、近所の知人などに〝入信しなくてもいいから、付き合いで購読して〟などと年間購読を頼み込んでいたものですが、最近では〝3カ月だけでいいから〟〝1カ月でいいから〟と、購読者獲得に必死になっています。

相手から〝何かオマケを付けてくれたら購読する〟などと言われて、池田大作の著書を渡している学会員もいます」（前出、学会ウォッチャー）

まるで一般紙の勧誘と変わらなくなってきている。

宝島
NF

池田大作と暴力団

2012年8月4日　第1刷発行
2024年1月2日　第3刷発行

◉著者
西岡研介＋乙骨正生＋
森功＋山田直樹ほか

◉発行人
蓮見清一

◉発行所
株式会社宝島社
〒102-8388
東京都千代田区一番町25番地
電話［営業］03-3234-4621
　　［編集］03-3239-0927
https://tkj.jp

◉印刷・製本
サンケイ総合印刷株式会社

ISBN978-4-7966-9569-5

「宝島NF」について

宝島 Nonfiction Booksの略称。特集形式のノンフィクション書籍シリーズ。スクープ記事や調査報道の成果を織り交ぜた特集を不定期で刊行する。報道タブーを乗り越え、事件・人物の暗部を抉っていきます。ご期待ください。